Richard Webster: Bäume und Blumen enthüllen dein Schicksal

W0083404

Richard Webster

Bäume und Blumen enthüllen dein Schicksal

Aquamarin Verlag

Titel der amerikanischen Originalausgabe:
Flower and Tree Magic
© 2008 Llewellyn Publications, Woodbury, MN 55125-2989, USA

Deutsche Ausgabe:
1. Auflage 2010
© Aquamarin Verlag GmbH
Voglherd 1
85567 Grafing
www.aquamarin-verlag.de

Übersetzung aus dem Amerikanischen: Dr. Edith Zorn

Satz: Sebastian Carl, 83123 Amerang
Umschlaggestaltung: Annette Wagner
Druck: Bercker • Kevelaer

ISBN 978-3-89427-519-8

Inhalt

Einführung

Die Idee zu diesem Buch stammt von einer älteren Dame, mit der ich mich jedesmal unterhielt, wenn ich an ihrem Haus vorüberging. Sie besaß einen wundervollen Garten, den sie liebevoll pflegte. Gleichgültig zu welcher Jahreszeit, es blühte immer etwas, da sie die Ansicht vertrat, dass Farben die Seele heilen und erneuern.

„Blumen üben eine magische Wirkung auf unsere Psyche aus", erklärte mir Cynthia. „Ohne sie wäre ich vor Jahren gestorben. Es tut mir gut, sie auszusuchen, zu pflanzen, zu pflegen und sie zu betrachten. Sie bereichern jeden Aspekt meines Lebens."

Ihre Bemerkung über die magische Wirkung von Blumen machte mich neugierig. Ich begann, bei meinen Ritualen und Weissagungen häufiger Blumen einzusetzen und empfand sie als äußerst hilfreich. Außerdem entdeckte ich ihre Wirkung auf meine Klienten, die ausnahmslos begeistert waren und mich ermutigten, dieses Gebiet eingehender zu erforschen. Blumen haben im Alltag schon immer eine wichtige Rolle gespielt. Man verwendet sie bei besonderen Anlässen, wie bei Hochzeiten und Geburtstagen, oder verschenkt sie am Valentins- und Muttertag als Zeichen der Liebe. Bei Beerdigungen gelten sie als Ausdruck von Respekt und Gedenken. Blumen berühren uns auf einer tiefen emotionalen Ebene.

In Ritualen besaßen Pflanzen stets einen besonderen Stellenwert. Die Getreidepflanze fand als Erste ihren Einsatz. Sie symbolisierte das Ende des Winters und die ersehnte Rückkehr des Frühlings. In durchaus realem Sinne stand sie für das Wachsen der Nahrung.

Die Alraun-Wurzel war wohl wegen ihrer menschenähnlichen Gestalt seit Jahrtausenden in der Magie beliebt. Aufgrund ihrer betäubenden Wirkung verwendete man sie zur Schmerzlinderung und zur Heilung von Depressionen.

Im antiken Griechenland benutzte man den Lorbeer, um eine Bewusstseinsveränderung herbeizuführen. Er wurde gekaut oder geraucht. Viele der bekannten griechischen Orakel verwendeten Lorbeer.

Bestimmte Pflanzen sollten vor Hexen und dem bösen Blick schützen, wie eine Girlande aus Bittersüß, die man um den Hals trug.

Einige Pflanzen galten als Unglücksbringer. Noch heute glaubt man, dass der Schwarz- oder Schlehdorn Unglück bringt, wenn man ihn ins Haus holt. Dem Nachtschattengewächs, Belladonna, schrieb man besonders Unheil bringende Eigenschaften zu. Man glaubte, Hexen bereiteten aus dieser hoch giftigen Pflanze eine Salbe, die ihnen das Fliegen ermöglichte. Die gleiche Wirkung schrieb man der Ambrosia-Pflanze zu.

Die aus Ginster-, Birkenreisig oder Heidekrautzweigen gefertigten Besen betrachtete man als Hexenbesen.

Da dem Bilsenkraut eine starke Zauberkraft zugesprochen wurde, fand es in einer Reihe von Liebesträken seine Verwendung. Der durch Verbrennung der Pflanze entstehende Rauch ermöglichte es den Hexen, böse Geister heraufzubeschwören und in die Zukunft zu blicken. Pflanzenkenner verwendeten das Bilsenkraut als schmerzstillendes Mittel.

Man glaubte, dass auch die Naturgeister sich für ihre Zwecke bestimmter Pflanzen bedienten. Der Fingerhut wird manchmal „Feenkraut" genannt. Runde Stellen auf Wiesen und Lichtungen, die sich in ihrer Färbung von der Umgebung abhoben, bezeichnete man als „Feenreigen", die angeblich entstanden, weil sich die Feen dort tanzend im Kreise drehten. Solche Feenkreise, die man auf keinen Fall betreten durfte, betrachtete man als Glücksbringer für naheliegende Gebäude.

In Bezug auf die Liebesmagie spielten Pflanzen seit jeher eine wesentliche Rolle. Fand ein junges Mädchen ein vierblättriges Kleeblatt und legte es in seinen rechten Schuh, glaubte man, dass der nächste Junggeselle, dem es begegnete, ihr Ehemann werden würde.

Blumen galten stets als Überbringer heimlicher Botschaften. Die Sprache der Blumen werden wir im achten Kapitel besprechen.

In vielen Teilen der Welt betrachtete man Bäume als heilig. Einzelnen Bäumen schrieb man magische Eigenschaften zu.

Einer der größten Vorteile der Baum- und Blumen-Magie besteht darin, dass sie die Menschen der Natur näherbringt. Kräuter, Blumen und Bäume haben seit alters her dem Körper die Medizin und der Seele Schönheit geschenkt. Vieles davon ist in der heutigen Zeit verlorengegangen. Andererseits lässt sich ein wiedererwachtes Interesse an den sogenannten „altertümlichen" Heilmitteln beobachten.

Selbst ohne einen Garten kann man einen „Zaubergarten" anlegen. Ich kenne mehrere Leute, die ihre Kräuter und Zauberpflanzen in Blumentöpfen und Balkonkästen ziehen. Johanniskraut gehört zu den bekanntesten Zauberpflanzen. Pflückt man es am Abend vor der Sommersonnenwende, verheißt es Liebe und Glück. Gelb ist die Farbe der Sonne, und das Johanniskraut spiegelt die Fülle und das Glück aus der Sonnenkraft wider. Weitere Beispiele sind die Ringelblume, der Heliotrop und die Sonnenblume.

Benötigst du mehr Geld, pflanze Blumen, die eine Beziehung zu Jupiter, dem Planeten der Ausdehnung und des Wohlstands, besitzen, wie spanischen Flieder oder das Geißblatt.

Fehlt es dir an Kraft und Leidenschaft in deinem Leben, züchte einige rote Pflanzen. Sie stehen mit Mars in Verbindung. Blaue Blumen besitzen eine Beziehung zur Venus und werden dich in

Dingen der Liebe und romantischen Liebesabenteuern unterstützen. Rosen, gleichgültig welcher Farbschattierung, sind ebenfalls mit Venus verbunden. Die rosafarbenen und roten Varianten, besonders die stark duftenden, eignen sich am besten, um der Liebe Ausdruck zu verleihen.

Außerdem sollte es in deinem Garten einige weiße Blumen geben, die den Mond symbolisieren, wie Weißwurz und Lilien. Schneidet man bei Neumond weiße Blumen und stellt sie in die Nähe eines Fensters, so dass die Mondstrahlen sie berühren, bedeutet dies Glück.

I

Heilige und magische Bäume

Schon immer schrieben die Menschen bestimmten Bäumen magische und heilige Eigenschaften zu. Die Mythen und Volksbräuche Nordeuropas sind reich an Geschichten, die von der geistigen Kraft der Bäume erzählen. Diese strotzen vor Energie und Lebenskraft, mit der die Mutter Erde sie speist. Es gab eine Zeit, in der die Baumverehrung allgemein üblich war. Die in Waldgebieten lebenden Menschen beobachteten ihr geheimnisvolles Wachstum, das sie auf die Geister zurückführten, die in ihnen wohnten. Man hielt die Bäume für die Behausungen der Götter, und das Rauschen der Blätter überbrachte Botschaften aus anderen Welten. Bäume wurzelten zwar in der Erde, strebten aber himmelwärts. Jene, die im Herbst ihre Blätter verloren und im Frühling neue trieben, symbolisierten Wiedergeburt und Erneuerung. Immergrüne Bäume versinnbildlichten den universellen, immerwährenden Geist. Der Aberglaube, auf Holz zu klopfen, um Unglück abzuwenden, stammt aus jener Zeit der Baumverehrung.

Bäume boten Obdach und spendeten Schatten. Ihr Holz lieferte Bau- und Brennmaterial und wurde zu Amuletten und Medaillons verarbeitet. Als Schutz vor bösen Kräften pflanzte man sie in besonderer Anordnung. Ihre Blüten, Früchte, Blätter und Wurzeln lieferten Nahrung und Medizin. Durch einen Wald oder ein Gehölz zu gehen, schenkte den Menschen neue Energie und emotionale Heilung.

Die alten Kanaaniter vergötterten den Baum. Sie errichteten von ihren Zweigen befreite Baumstämme und beteten diese an.

Sie waren der Göttin Asherah geweiht und trugen ihren Namen. Splitter oder Späne von einem Asherah waren hoch geschätzt und begehrt, da sie Reichtum und Überfluss bescherten. Der Begriff „ein Splitter von dem alten Holzklotz" entstammt diesem alten Glauben.[1]

Selbst in der Bibel findet sich ein Hinweis auf die magischen und spirituellen Aspekte der Bäume, wenn es heißt: „Abraham aber pflanzte in Beersheba eine Tamariske und rief daselbst den Namen des Herrn an, des ewigen Gottes" (1. Mos. 21:33).

Die alten Kelten verehrten Eiche, Esche und Weißdorn und hielten diese drei für eine machtvolle und heilige Kombination. Haine, in denen alle drei Bäume wuchsen, galten als besonders magische Orte. Zahlreiche Menschen, die sich dort ausruhten oder meditierten, gaben an, Elfen gesehen zu haben.

Eine englische Legende berichtet, dass Joseph von Arimathea bei seiner Ankunft in Glastonbury, im Jahre dreiundsechzig n. Chr., auf dem Wearyall Hügel seinen Stab in den Erdboden stieß, der sich augenblicklich in einen Weißdorn verwandelte. Dieser Baum, bekannt als der „heilige Dornbusch" (Holy Thorn), erblühte zu jedem Weihnachtsfest. Ein Puritaner schlug ihn 1643 ab. Glücklicherweise überlebten seine Abkömmlinge und blühen bis zum heutigen Tage. Im Jahre 1951 wurde auf dem Hügel ein neuer Weißdorn gepflanzt.

Der Tanz um den Maibaum, der auch heute noch in jedem Jahr am 1. Mai in vielen englischen Dörfern stattfindet, entspringt einem uralten Fruchtbarkeitsritual. Gewöhnlich sammelten die Leute für die Feier dieses Tages Blumen und Grün, um auf diese Weise den Wohlstand der Gemeinde zu fördern.

Anfänglich tanzte man um einen Weißdorn, der im Laufe der Zeit durch den mit Blumen bekränzten Maibaum ersetzt wurde.

---

1 Rudolph Brasch, *Strange Customs: How Did They Begin?* (New York: McKay, 1976), 171.

Mit dem Verbrennen des Weihnachtsscheits, das fast immer aus Eichenholz bestand, wollte man ursprünglich die Sonne zur Rückkehr bewegen, um den Frühling hervorzubringen.

In vielen Schöpfungsmythologien, wie den zoroastrischen, babylonischen und ägyptischen, ist die Rede vom Lebensbaum, einem riesigen Baum, der den Himmel über der flachen Erde stützt.

Die Yakuten Sibiriens erzählen die Geschichte vom ersten Menschen, der auszog, die Welt zu erkunden. Er begegnete einem riesigen Baum, der Himmel, Erde und Unterwelt miteinander verband. Der Baumgeist bediente sich der Blätter, um mit den Göttern zu sprechen. Der erste Mensch fühlte sich einsam und bat den Baum um Hilfe. Der Geist ließ eine junge Frau aus den Baumwurzeln emporsteigen, die dem Menschen die Milch ihrer Brüste anbot, die ihn augenblicklich mit Zuversicht, Kraft und Energie erfüllte.[2]

Der in der Bibel erwähnte Lebensbaum (Gen. 2,9 u. 3,22) bezieht sich auf die Unsterblichkeit. Er wird manchmal mit jenem Baum verwechselt, von dem Adam und Eva aßen, dem *Baum der Erkenntnis*. Nach ihrer Vertreibung aus dem Garten Eden mussten sie den Lebensbaum hinter sich lassen, das heißt, sie waren nicht länger unsterblich.

Geschichten dieser Art zeigen, welche magische Bedeutung Bäume in uralten Zeiten für die Menschen besaßen.

Die vorkolumbischen Kulturen betrachteten die Welt in ähnlicher Weise. Ein seidener Baumwoll- oder Kapokbaum, der sogenannte Weltenbaum, erhob sich aus der Unterwelt und strebte himmelwärts. Die Mayas glaubten, die Seelen der Toten kletterten diesen Baum empor, um in den Himmel zu gelangen. Die Seelen der Selbstmörder verharrten in seinem Schatten und wurden von der Göttin Ixtab beschützt.

---

2   Brian Leigh Molyneaux und Piers Vitebsky, *Sacred Earth, Sacred Stones* (San Diego, CA: Laurel Glen Publishing, 2001), 83.

Auch die alten Chinesen verehrten Bäume. In der chinesischen Mythologie wird eine Anzahl von riesigen Bäumen erwähnt, die Himmel und Erde miteinander verbinden. Der Mensch kann sie auf seinem Weg zum Himmel erklimmen, bedarf aber der Zustimmung der Schutzgötter, die in den Baumwipfeln wohnen, um weiterschreiten zu können. Der sich neigende Maulbeerbaum gehörte zu den bedeutendsten. Die chinesische Mythologie spricht von zehn Sonnen, die sich aus ihm erhoben und eine Dürre herbeiführten, die die gesamte Welt bedrohte. Glücklicherweise tötete ein berühmter Bogenschütze, mit Namen Yu, neun dieser Sonnen mit seinem Pfeil und bewahrte so die ganze Welt vor einer Katastrophe.

Ein weiterer bedeutender Baum der chinesischen Sagen- und Märchenwelt war der Pfirsichbaum, der Baum des Lebens. Er gehörte zu den sieben Bäumen, die auf den Hängen des Kuen-Luèn Gebirges wuchsen. Die Göttin Si Wang Mu verschenkte Pfirsiche an die Menschen, und jeder, der eine Frucht erhielt, wurde unsterblich. Die Pfirsichblüte im Februar hielt man für eine günstige Jahreszeit, um zu heiraten. Selbst in der heutigen Zeit betrachten die Chinesen den Pfirsich als Zeichen der Langlebigkeit, Unsterblichkeit und einer glücklichen Ehe.[3] Chinesische Künstler stellen den Gott eines langen Lebens oft aus einem reifen Pfirsich emportauchend dar.

Man schmückte Bäume gerne mir Girlanden und Laternen, um der Verehrung Ausdruck zu verleihen, oder setzte Schreine in eine Astgabel, den Sitz der Götter. Bisweilen befestigte man einen roten Tuchstreifen an einem Ast, um den Baum zu beschützen oder böse Geister abzuwehren.

In Skandinavien stand Yggdrasil, eine riesige Esche, im Mittelpunkt der Welt. Ihre Wurzeln reichten bis tief in die Unterwelt hinab, ihr Stamm befand sich im Reich der Menschen und ihre Zweige streckten sich zum Himmel empor. Eine bekannte Ge-

---

3   H.T. Morgan, *Chinese Symbols and Superstitions* (South Pasadena, P.D. Perkins and Ione Perkins, 1942), 111.

schichte berichtet, wie sich Odin neun Nächte kopfüber in diesen Baum hängte, um Weisheit, Verständnis und die Kenntnis der Runen zu erlangen.

Auf Bali glaubt man, dass der Banyan-Baum Himmel und Erde miteinander verbindet.

Die zehn Sephiroth der Kabbalah, die als Baum dargestellt wurden, bezeichnet man ebenfalls als *Lebensbaum*.

Die Dyak-Stämme auf Borneo besitzen einen Lebensbaum, den *Kayu Abilau*, der von Traumwanderern im Trancezustand erklommen werden kann. Sobald sie ihn bestiegen haben, können sie mit Aping, dem Gott ihrer Wälder, sprechen.[4]

In zahlreichen Mythologien wird erzählt, wie der Mensch aus den Bäumen entstand. In der skandinavischen Überlieferung heißt es, dass Odin und seine Brüder den ersten Menschen, Askr, aus einer Esche, und seine Frau, Embla, aus einer Ulme schufen. Nach der griechischen Überlieferung verwendete Zeus die Stämme der Esche, um die sonnengebräunten Menschen zu erschaffen.

Im Norden Australiens gibt es in der Nähe von Lingara einen Baumhain, den die Yarralin, ein Stamm der Ureinwohner, zum heiligen Träumen nutzen. Junge Männer tragen Lehm aus dem Seitenarm eines Flusses oder einem Wasserloch in die Mitte des Hains, mischen ihn mit abgeschabter Baumrinde und bereiten daraus einen Trank, der ihnen, wie sie glauben, helfen wird, eine Frau anzulocken. Die Frauen suchen ihre eigenen Traumbäume auf, um die geistige Essenz zu erhalten, die Empfängnis und Geburt anregt.

Zahlreiche Bäume sind zu unterschiedlichen Zeiten als heilig und magisch betrachtet worden. Zu den bedeutendsten gehören:

---

4 Rowena and Rupert Shepherd, *1000 Symbols* (London, Thames und Hudson, 2002), 236.

Apfel

Aphrodite
Demeter

Den Druiden war der Apfelbaum heilig. In seinem Schatten zu meditieren, sollte helfen, die richtige Entscheidung zu treffen. Zauberstäbe werden häufig aus seinem Holz gefertigt. Für die Druiden symbolisierte er Fruchtbarkeit und Ehe.

Seit der Antike verbindet man den Apfelbaum mit Gesundheit, Leidenschaft und irdischen Freuden. Die Griechen weihten ihn der Göttin Demeter sowie Aphrodite, der Göttin der Liebe.

Es wird oft angenommen, dass es sich bei der verbotenen Frucht, die Eva Adam reichte, um einen Apfel handelte. Die Bibel erwähnt jedoch nur die Frucht „vom Baum der Erkenntnis des Guten und des Bösen" (Gen. 2,17).

Schneidet man einen Apfel zum Stiel hin horizontal in zwei Hälften, bildet das Kerngehäuse ein Pentagramm, das in der Magie als heilige Figur gilt. Bei Zaubersprüchen und Liebestränken findet diese Frucht oft ihren Einsatz. In den Märchen heißt es, dass der Genuss des Apfels ein junges Paar mit Kindern segnet. In der Renaissance versuchten französische Burschen, das Herz junger Mädchen zu gewinnen, indem sie ihnen einen Apfel anboten. Im mittelalterlichen Deutschland schnitzten junge Männer Buchstaben in den Apfel, bevor sie ihn ihrer Freundin zum Verzehr reichten. Eine alte italienische Geschichte erzählt, wie ein solcher Apfel irrtümlicherweise von einem Schwein aufgefressen wurde, das sich unsterblich in den jungen Mann verliebte.

Vor nicht allzu langer Zeit sah ich eine junge Frau den Stiel eines Apfels drehen und dabei das Alphabet aufsagen. Sie folgte einem uralten Ritual, demzufolge der Stiel brechen wird, sobald sie den ersten Buchstaben des Namens ihres zukünftigen Liebhabers ausspricht.

Ein guter Freund, der regelmäßig Zwiesprache mit Bäumen hält, behauptet, der Apfelbaum sei der glücklichste und freundlichste

Baum überhaupt. Er liebt es, den Menschen, die ihn hegen und pflegen, mit reicher Ernte zu danken.

Ein alter englischer Brauch besagt, dass man den Ertrag der Apfelernte über viele Jahre hin steigern kann, wenn man den Bäumen mit Apfelwein zuprostet.

Ein Kaminfeuer aus abgeschnittenen Zweigen soll jedem Hausbewohner Glück bringen. Dazu lege man die Zweige achtundzwanzig Tage lang (einen Mond-Monat) in Salz- oder Meersalzwasser und trockne sie anschließend gut aus. Verbrennt man sie, entströmt ihnen ein angenehmer Duft.

John Chapman (1774-1845), eher bekannt als Johnny Appleseed, gehört zur Geschichte des amerikanischen Obstanbaus. Seine Lebensaufgabe bestand darin, Apfelbäume zu züchten und auszuliefern. In Pennsylvania sammelte er die Samen aus den Apfelpressen und ritt mit ihnen nach Westen. Er verkaufte seine Bäume für nur wenige Münzen, nahm aber auch getragene Kleidungsstücke und Schuldscheine als Bezahlung. Farmern, die sich die Bäume nicht leisten konnten, schenkte er sie. Seine Großzügigkeit, sein wunderliches Äußeres und seine liebenswerte Persönlichkeit machten ihn zur Legende. Auf seinem Grabstein steht geschrieben: „Er lebte für andere."

Banyan

Der Banyan-Baum (*ficus bengalensis*) gehörte in Asien seit jeher zu den heiligen Bäumen. Er steht in Verbindung mit Brahma, dem unsterblichen Geist oder der Essenz des Universums. Aus diesem Grunde versinnbildlicht dieser Baum in Indien die Unsterblichkeit. Er ist bemerkenswert, denn gleichgültig wie viele Zweige man von ihm abschneidet, er wächst immer weiter. Der Banyan wird ebenfalls mit Menschen in Verbindung gebracht, die sich geistig weiterentwickeln. Auch heute noch wässern die Menschen seine

Freya = Herrin des Waldes

Wurzeln und behängen ihn mit Gaben, um Glück, Zufriedenheit und Fruchtbarkeit anzuziehen.

Siehe auch *Bodhi*.

Birke

Die Birke hat seit jeher Fruchtbarkeit und junges Leben symbolisiert. Der heidnische Brauch, über einen Besenstiel aus Birkenholz zu springen, erfreut sich immer noch großer Beliebtheit. In Britannien gaben alleinstehende Frauen ihrem Liebsten manchmal einen Birkenzweig, um ihn zum Heiratsantrag zu ermutigen.

In der skandinavischen Überlieferung wird die Birke mit Freya, der Herrin des Waldes, in Verbindung gebracht. In Russland trägt die Birke sogar den Namen *Herrin des Waldes*.

Mit Birkenzweigen wurden die bösen Geister vertrieben und die Geister des verflossenen Jahres zum Gehen aufgefordert. Birkenruten finden in der Sauna Verwendung, um die Blutzirkulation anzuregen.

Bei Ritualen zum Zwecke der Reinigung, der Unterstützung sowie des Schutzes kann Birkenholz verwendet werden.

Der Überlieferung nach sind die drei besten Bäume in Wohnnähe Ahorn, Eiche und Weißbirke. Es heißt, dass nahe der Birke gewöhnlich eine Eiche steht, da sie Mann und Frau sind.

Bodhi

Bei diesem Baum handelt es sich um eine Feigenart. Hindus und Buddhisten betrachten ihn als den Baum der Weisheit. Vor über zweitausendsechshundert Jahren erreichte Siddhartha Gautama in Bodhgaya, im Nordosten Indiens, unter einem heiligen Bobaum (*ficus religiosa*) Nirvana und wurde Buddha. Der heilige Baum, den Buddha als Obdach nutzte, wurde bekannt als *bo* oder *bodhi*, was „der Baum des Erwachens" bedeutet. Pilger besuchen auch heute noch dieses Heiligtum und können unter Bäumen meditieren, die unmittelbar von jenem Baum abstammen.

Buche

Bis zur Eisenzeit stellte die Buche für die Menschen eine wichtige Nahrungsquelle dar. Sie verzehrten ihre Blattknospen, Blätter und Samen. Das aus den Bucheckern gewonnene Öl bildete eine ausgezeichnete Eiweißquelle.

Auf diesen Baum lässt sich unser Wort *Buch* zurückführen, da man auf zusammengebundenen Buchenholzscheiben schrieb, um Wissen zu bewahren.

Die Buche schenkt Glück, gewährt Schutz und eignet sich hervorragend zur Fertigung von Zauberstäben und Glücksbringern. Es gab eine Zeit, in der die Buchenrinde als Fieber- und Abschwellungsmittel verwendet wurde.

Dornstrauch

Es gibt verschiedene Arten von Dornbüschen. Die römischen Soldaten setzten Jesus eine Dornenkrone auf sein Haupt, ehe sie ihn kreuzigten. Im Mittelalter glaubten die Christen, sie sei aus Schlehdorn geflochten gewesen, aber wahrscheinlich handelte es sich um den so genannten Christusdorn (*Ziziphus spina-christi*). Gott erschien Moses in einem brennenden Busch (Ex. 3,2). Der hebräischen Überlieferung zufolge handelte es sich dabei um *Acacia nilotica*, einen Dornbusch. Der Stab des Joseph von Arimathea soll sich in einen Dornstrauch verwandelt haben, nachdem Joseph ihn in Glastonbury in den Boden stieß (siehe auch *Hagedorn*). Dieser Strauch blüht zur Weihnachtszeit, um die Geburt Christi zu preisen.

Es gab eine Zeit, in der der Schlehdorn mit Hexen in Verbindung gebracht wurde, die ihn bei verschiedenen magischen Ritualen verwendeten. Man glaubte sogar, Satan selbst ritze mit einem Dorn dieses Strauchs das Zeichen des Teufels auf seine Anhänger.

Eberesche

Die Eberesche (oder der Vogelbeerbaum) kommt besonders häufig in Nordeuropa vor und diente immer als Schutz vor Hexenzauber. Berührte ein Zweig die Hexe, wurde sie augenblicklich vom Teufel geholt.

Die Eberesche wird häufig in der Nähe uralter Steinkreise gefunden. Möglicherweise betrachteten die Druiden diesen Baum als heilig.

Man pflanzte ihn gerne in der Nähe von Behausungen, um sie vor Blitzschlag zu bewahren und den Bewohnern Glück zu bringen. Aus ihrem Holz gefertigte Boote galten als sicher.

Der Baum wird bereits früh in der skandinavischen Mythologie erwähnt. Da er Thor half, einen heimtückischen und gefährlichen Fluss zu überqueren, nannte man ihn „Thors Gehilfen".

Zum Schutz der Tiere auf dem Bauernhof verwendete man Kreuze aus Ebereschenholz, die auch die Säuglinge beschützen sollten, solange sie noch nicht getauft waren. Noch vor gut hundert Jahren hängte man Kreuze aus Eberesche und Birke über den Eingang der Hütten. Sie wurden ebenfalls verwendet, um Schweineställe und Saatbeete zu schützen.[5] Die Vogelbeeren lassen sich als Halskette tragen, um den bösen Blick abzuwehren.

---

5 *Encyclopedia of Magic and Superstition* (London: Octopus Books, 1974), 217.

Eibe

Eiben erfreuen sich eines hohen Alters und existierten bereits vor der Eiszeit. Da sie bis heute überlebt haben, betrachtet man sie als Symbol der Langlebigkeit und der Wiedergeburt. Der Baum wächst langsam und kann bis zu dreitausend Jahre alt werden. Er soll den mächtigsten Schutz gegen böse Kräfte gewähren. Die Druiden glaubten, er symbolisiere den Weg vom Leben zum Tod. Die alten Griechen sahen in ihm das Tor zur Unterwelt.

Eiche

Im antiken Griechenland und im alten Rom galt die Eiche als Zeichen von Stärke, Macht und Ausdauer. Sie war Artemis, Cybele, Hekate und Zeus geweiht. Dodona, ein Heilungszentrum und Orakel in Griechenland, lag in einem Eichenwald. Die Priester und Priesterinnen lauschten dem Rauschen der alten Bäume, das Bronzeschalen, die im Wind vibrierten, verstärkten.

Die Römer feierten jedes Jahr die Hochzeit von Jupiter und Juno. Da diese als Gott und Göttin der Eiche galten, fanden die Festlichkeiten in einem heiligen Eichenhain statt. Die römischen Helden wurden mit einem Kranz aus Eichenblättern gekrönt, was dazu führte, dass die Eiche zum Symbol von Standhaftigkeit und Mut wurde.

Die Hebräer assoziierten die Eiche mit dem Heidenkult, doch in der Bibel heißt es auch, dass der Engel des Herrn Gideon erschien, während dieser unter einem Eichenbaum saß (Richt. 6,11-21). Die berühmte Eiche von Moreh, in Israel, nannte man die „Eiche der Wahrsager" oder „Orakel-Eiche".

Zur Zeit der Druiden galt die Eiche als der heiligste Baum Europas. Über jeden, der sie beschädigte, wurde die Todesstrafe verhängt.

In Skandinavien war die Eiche, der so genannte „Donnerbaum", Thor geweiht. Es gab eine Zeit, in der die Menschen Eichenzweige in ihrem Haus aufstellten, um sich vor Blitzeinschlag zu schützen.

In Japan bedeutete die Eiche Schutz und Glück. Selbst in der heutigen Zeit schmückt man am Neujahrstag den Haupteingang seines Hauses mit Eichenzweigen, um die Götter und das Glück für das kommende Jahr einzuladen.

Die Ureinwohner Amerikas weihten die Eiche der Mutter Erde. Sie schützte vor bösen Geistern und schenkte Glück. Jung vermählte Paare pflegten um den Baum herum zu tanzen, damit ihnen das Schicksal hold sei und die Ehe glücklich werde.

Ein anderer Glaube, der teilweise heute noch praktiziert wird, besteht darin, sich im Herbst unter eine Eiche zu stellen und ein herabfallendes Blatt aufzufangen, ehe es den Boden berührt. Dieses Blatt in seiner Tasche oder Geldbörse aufzubewahren, sorgt dafür, dass das Geld niemals ausgeht. Wird man zufällig von einem herunterfallenden Blatt getroffen, gilt dies als besonders glückverheißend. Man sollte es an einem sicheren Ort aufbewahren.

Walt Whitman (1819-1892) verstand den Zauber der Natur sehr gut. Das in seiner 1855 veröffentlichten Gedichtsammlung *Leaves of Grass* enthaltene Gedicht „In Louisiana sah ich eine immergrüne Eiche wachsen" spricht dreimal von „freudigen" Blättern:

> *In Louisiana sah ich eine immergrüne Eiche wachsen,*
> *Sie stand ganz alleine,*
> *Und das Moos hing von ihren Zweigen herab,*
> *Ohne einen Kameraden stand sie da*
> *Und brachte freudig dunkelgrüne Blätter hervor.*

Die Eichel hat man stets als Sinnbild von Weisheit und Wohlstand betrachtet. Ein alter Volksglaube besagt, dass eine Eichel in der

Tasche vor Übel und den Launen des Wetters schützt. Trägt man drei Eicheln in seiner Tasche, wird man immer jünger aussehen, als man in Wirklichkeit ist.

Erle

Aufgrund ihrer leichten Brennbarkeit wurde die Erle als Feuerbaum bezeichnet. Im antiken Griechenland war dieser Baum Phoroneus, dem Schöpfer des Feuers, geweiht. In der keltischen Überlieferung gilt die Erle als besonders tapfer, da sie beim Kampf der Bäume in vorderster Front kämpfte. Aus Erle geschnitzte Pfeifen sollen in der Lage sein, die vier Winde zu zügeln und zu beherrschen. Flöten aus Erlenholz dienen ebenfalls magischen Zwecken. Europäische Kräuterheilkundige verabreichten die Rinde gegen Entzündungen. Mit erhitzten Erlenblättern behandelte man Hautprobleme. Eine Mischung aus Rinde und Blättern diente der Herstellung eines Mundwassers zur Beseitigung von Mundfäule.

Esche

Die Esche wurde jahrtausendelang als heiliger Baum verehrt. In einer alten skandinavischen Überlieferung heißt es, dass der erste Mensch aus ihren Zweigen entstand. (An anderer Stelle wird behauptet, die erste Frau sei aus einer Esche geschaffen worden.) Bisweilen wird die Esche als Baum der Erkenntnis bezeichnet. Bei den Kelten galt sie als Zauberbaum, und die Druiden stellten Heilstäbe aus ihr her. In der Antike trugen die Griechen auf ihren Seereisen ein Stückchen Eschenholz als Talisman bei sich, da man glaubte, die Esche sei Poseidon, dem Gott der Meere, heilig.

Ein ebenmäßig geformtes Eschenblatt gilt als besonders Glück bringend und wird manchmal als Talisman verwendet, um Liebe anzulocken. Wer es unter sein Kopfkissen legt, wird von seinem zukünftigen Liebhaber träumen. Leider sind solche ebenmäßig gewachsenen Blätter äußerst selten. Fand eine Jungfrau ein solches Blatt, musste sie folgende Worte sprechen:

„Dieses ebenmäßige Blatt falte ich dreimal.
Der erste Mann, dem ich begegne, wird meine wahre Liebe sein.
Ist er verheiratet, lasse ich ihn gehen,
Ist er frei, lasse ich ihn näher kommen."

Feige

Der Feigenbaum, der das männliche und weibliche Prinzip symbolisiert, wurde in allen Regionen, in denen er wuchs, in Ehren gehalten. Das dreilappige Blatt symbolisiert das männliche Geschlechtsteil und die Frucht das Weibliche. Da die Frucht der weiblichen Brust ähnelt, glaubte man, dass ihr Verzehr zur Schwangerschaft verhelfe. Die Feige wird manchmal als der „vielbrüstige Baum" bezeichnet, weshalb man sie bisweilen als Aphrodisiakum verwendete. Einige Menschen halten ihn für den Baum der Erkenntnis aus dem Garten Eden. Im Islam gilt der Feigenbaum als heilig, da Mohammed einen Eid auf ihn ablegte. In der hebräischen Überlieferung steht der Feigenbaum für Frieden und Wohlstand. Er wird als Erster in der Bibel erwähnt, wenn es heißt. „Da gingen den beiden die Augen auf, und sie wurden gewahr, dass sie nackt waren; und sie hefteten Feigenblätter zusammen und machten sich Schurze" (Gen. 3,7). Im Alten Testament wird der Feigenbaum siebenunddreißig Mal erwähnt.

Romulus und Remus sollen unter einem Feigenbaum Obdach gefunden haben, wo ein Wolf sie säugte. Eine berühmte Feige, die sogenannte „Ruminal-Feige", stand an jener Stelle auf dem Palatin, an welcher der Tiber die Säuglinge angeblich an Land gespült hatte. Bei den Römern galten der Feigenbaum und seine Früchte als Glücksbringer.[6]

Selbst in der heutigen Zeit ist die Feige Bestandteil von Liebestränken. Frauen bedienen sich ihrer manchmal als Geschenk, um Männer anzulocken und sie zu verzaubern.

Siehe ebenfalls *Banyan*.

Fichte

Die Fichte symbolisiert Ehrlichkeit. In China steht sie für Geduld.

Als Weihnachtsbaum verkörpert sie die Wintersonnenwende, die Geburt Christi und den Beginn eines neuen Jahres. Sie ist der Baum der Wiedergeburt und Unsterblichkeit. Der Weihnachtsschmuck stammt aus dem 16. Jahrhundert, als man in Deutschland Fichten mit Äpfeln, Kerzen und buntem Papier herausputzte. Dieser Brauch breitete sich nach Britannien und im 19. Jahrhundert nach Amerika aus. Die Verwendung eines Nadelbaumes, um den Tod des alten und die Geburt des neuen Jahres zu feiern, stammt aus römischer Zeit, in der immergrüne Bäume beim Saturnfest nicht fehlen durften.

Hagedorn

Im antiken Griechenland trug die Braut einen Kranz aus Hagedorn, da dieser der Artemis und Hymen, dem Gott der Ehe, geweiht war. Bei Beerdigungen und Reinigungszeremonien kauten die Griechen Hagedornblätter, denn sie symbolisierten Hoffnung. Die Römer bereiteten einen Tee aus den Blättern, um Hexenzauber

---

6 Fred Hageneder, *The Meaning of Trees* (San Francisco: Chronicle Books, 2005), 93.

abzuwehren. Außerdem streute man sie in die Wiege, damit der Säugling vor dem Zugriff von Hexen bewahrt bliebe.[7]

Hagedorn und Eibe sollen bei den Elfen sehr beliebt sein. Um Unglück zu vermeiden, darf man ihnen deshalb auf keinen Fall Leid zufügen.

Hagedorn ins Haus zu tragen, bedeutet ebenfalls Unglück. Außerhalb des Hauses gilt er als Sinnbild für Reinigung und Läuterung.

Der türkische Mann empfindet den Blütenduft des Hagedorns als höchst erotisch. Er verbindet damit weibliche Sexualität.

Der berühmte Dornbusch in Glastonbury soll aus dem Stab des Joseph von Arimathea hervorgegangen sein, der ihn bei seiner Ankunft in Britannien, im Jahre 63 n. Chr., in den Boden stieß. 1643 wurde er von Puritanern zerstört. Der Strauch, der heute an dieser Stelle wächst, stammt von seinen Ablegern.

Haselstrauch

Schon in der Antike, bei den Babyloniern und Ägyptern, werden Zauberstäbe erwähnt. Jahrtausendelang galt für ihre Herstellung das Holz des Haselstrauchs als eines der Hauptmaterialien. Apollo gab Merkur einen Zauberstab aus Haselholz, den dieser benutzte, um der Menschheit gute Tugenden zu übertragen. In Skandinavien war der Strauch Thor geweiht und galt als Schutz gegen Blitzschlag. In der hebräischen Überlieferung heißt es, dass Adam einen Haselzweig mitnahm, als er den Garten Eden verlassen musste. Noah trug einen Haselzweig in seine Arche, der durch mehrere Hände ging – einschließlich der Abrahams, Isaaks und Jakobs – ehe er der Stab des Moses wurde. In der irischen Überlieferung heißt es, dass St. Patrick mit Hilfe eines Haselnussstabes alle Schlangen aus Irland vertrieb.

7   Alice Thomas Vitale, *Leaves in Myth, Magic und Medicine* (New York: Stewart, Tabori and Chang, 1997), 150.

Plinius (23-79 n. Chr.) schrieb über eine aus Haselholz herge-
stellte Wünschelrute, mit deren Hilfe Wasser gefunden werden
konnte. Zu diesem Zweck benutzt man sie auch heute noch. Übli-
cherweise schnitt man sie, wenn die Zeit günstig war, an der Ost-
seite des Strauches ab – gewöhnlich bei Nacht, an einem Feiertag
oder bei Neumond. Die Person, die den Stab zuschnitt, musste
dabei nach Osten blicken und später den frisch geschnittenen Ast
der aufgehenden Sonne entgegenstrecken.

Die Kelten betrachteten die Hasel als Baum der Weisheit. Mit
dem Verzehr von Haselnüssen konnten die Leute ihr Wissen ver-
mehren. Ein altes Sprichwort besagt, dass alle persönlichen Wünsche wahr werden, wenn man einen Haselzweig als Amulett oder
Talisman bei sich trägt.

Holunder

Obwohl es sich beim Holunder um einen eher unansehnlichen
Strauch mit unangenehm riechenden Blüten handelt, hat man
ihn seit ägyptischer Zeit für magische und medizinische Zwecke
verwendet. Im Grunde genommen kann jeder Teil des Holunders
medizinisch eingesetzt werden. Aus dem Inneren der Rinde lässt
sich ein wirkungsvolles Brechmittel herstellen. Die Blätter können
Verstauchungen, Prellungen und Kopfschmerzen lindern. Ein aus
den Blüten zubereiteter Tee hilft bei Nasennebenhöhlenentzündung. Die Beeren regen das Immunsystem an.

Im Mittelalter erfreute sich das Buch *Die goldene Legende* von
Jacobus de Voragine (ca. 1230-1298) großer Beliebtheit. Der verbreitete Glaube, dass das Kreuz Christi aus Holunderholz bestanden habe und Judas Iskariot sich an einem solchen Baum erhäng-
te, ist auf dieses Buch zurückzuführen. Beide Thesen sind höchst
unwahrscheinlich, da der Holunder in jener Zeit wohl kaum in
Palästina wuchs.

Im europäischen Raum hat man den Holunder als *Hüter des Hauses* betrachtet. Bis zum 19. Jahrhundert legten die Menschen Opfergaben in Form von Nahrungsmitteln und Getränken zu Füßen ihres Beschützers nieder.

In Teilen Europas stellte man nach der Beerdigung ein Kreuz aus Holunderholz auf das Grab. Trieb es aus und blühte, galt dies als Zeichen, dass die Seele des Verstorbenen den Himmel erreicht hatte.

Bei den Ritualen der Mai-Feier trugen die Druiden zur Ehren des alten Weibes einen Holunderzweig. Die in der Mittsommernacht gepflückten Holunderbeeren wurden als Talisman verwendet, um vor Zauberkraft zu schützen. Ein Zauberstab aus Holunderholz sollte jede Art übersinnlichen Angriffs abwehren.

Kirschbaum

Die Kirschblüte gilt als Nationalblume Japans. Die Samurai sannen unter einem Kirschbaum über die Bedeutung des Lebens nach, da die Kirschblüte auf der Höhe ihres Daseins zu Boden fällt.

Andernorts besitzt die Kirsche einen sexuellen Unterton. „Kirschen essen" bedeutet in China eine Anspielung auf den Geschlechtsverkehr. Im Westen weist der Ausdruck „seine Kirsche verlieren" darauf hin, dass eine Frau ihre Jungfräulichkeit verloren hat, da die Kirsche mit dem Jungfernhäutchen in Zusammenhang gebracht wird.

Der Verzehr von Kirschen stärkt Selbstbewusstsein, Vertrauen und allgemeines Wohlbefinden.

Mandel

Von jenem Zeitpunkt an, als Jeremias im Traum den Zweig eines Mandelbaumes erblickte (Jer. 1,11) galt dieser als Baum der Weisheit. Der Zweig symbolisierte die Jeremias verliehene Gottesgabe der Weissagung und Weisheit.

Moses trug die zwölf Stäbe der verschiedenen Familien in den Tempel. Der aus dem Holz des Mandelbaumes gefertigte Stab des Aaron trieb aus, blühte und trug Früchte (Num. 17, 8), was bedeutete, dass Aaron und seine Nachkommen die religiösen Führer des jüdischen Volkes werden sollten.

Das alte aramäische Wort für Mandel ist *luz* – „Licht". Man glaubte, die Mandel strahle göttliches Licht aus. Jakobs berühmter Traum ereignete sich in einem Mandelbaumhain in Kanaan (Gen. 28,11). Die Menora, die ein Licht für alle sieben Planeten trägt, verkörpert dieses göttliche Licht in der heutigen Zeit.

In der christlichen Überlieferung symbolisiert der Mandelbaum die göttliche Gnade und wird mit der Jungfrau Maria in Zusammenhang gebracht. In Persien versinnbildlichte er den Baum des Himmels. In China bedeutet er Weiblichkeit und die erforderliche Kraft, schwierige Situationen zu meistern.

Bei den Naturgeistern ist der Mandelbaum sehr beliebt. Sie genießen seine Süße und sein bescheidenes Wesen.

Mistel

Den Druiden war die Mistel heilig, da sie glaubten, sie besitze starke Heilkräfte. In der Volksmedizin wird sie tatsächlich oft als „Allheilmittel" bezeichnet. Sie ist ein Schmarotzer und lebt auf Eichenbäumen. Die immergrüne Mistel, die keine Erdwurzeln besitzt, muss die Druiden fasziniert haben, besonders im Winter, wenn sie glaubten, der Wirtsbaum sei tot. Sie verehrten die Eiche. Trug sie eine Mistel, galt sie als ausgesprochen wohlwollend. Letztere zur Wintersonnenwende bündelweise ums Haus zu hängen, sollte die Bewohner beschützen.

Der Kuss unter einem Mistelstrauch gilt als Glück bringend und

Balder = Sonnengott

geht auf zwei Entstehungs-Mythen zurück. Die Kelten betrachteten ihn als Zeichen des Friedens. Begegneten sich zwei Feinde im Wald unter einem Mistelstrauch, küssten sie sich und waren zumindest für diesen einen Tag Freunde. Eine andere Erklärung stammt aus der skandinavischen Mythologie. Balder, der Sohn der Sommersonne, wurde durch einen mit Mistel vergifteten Zweig getötet. Die Tränen, die seine Mutter aus Gram vergoss, ließen weiße Beeren wachsen. Als Balder wieder zum Leben erwachte, war sie so glücklich, dass sie einen Mistelstrauch aufhängte und jeden, der darunter vorüberging, küsste.

Aufgrund der starken Verbindung zu den Druiden erlaubten es die frühen Christen nicht, die Kirche mit Mistelzweigen zu schmücken.

Pappel

Da ihre Blätter zittern, hat man die Pappel seit alters her als einen magischen Baum betrachtet, der Wechselfieber heilen soll. In Lincolnshire gab es einen beliebten Brauch, bei dem ein Kranker sich eine Haarsträhne abschnitt, sie um einen Pappelzweig wand und dabei die Zauberformel sprach:

Als Christus der Herr am Kreuze hing,
Bist du traurig hin und her geschwankt und hast gezittert.
Meine Schmerzen und mein Leid musst du nun nehmen,
Statt meiner, bitte ich dich, schüttele sie ab.[8]
Ein anderer Glaube besagt, dass der Besitz sich vermehrt, wenn man stets ein winziges Pappelholzstück bei sich trägt.

---

8 E. Radford & M.A. Radford, edit. and revi. by Christiana Hole, *Encycl. of Superstitions* (London: Hutchinson & Co., 1961), 270. Originalausgabe in 1948.

Pinie = Aphrodite

Für die alten Griechen besaß die Pinie große Bedeutung. Sie weihten sie Aphrodite, Dionysos und Pan. Da es sich um eine immergrüne Pflanze handelt, verband man sie mit Geburt, Leben und Unsterblichkeit. In der phönizischen Mythologie starb der Sonnengott, Attis, unter einer Pinie und wurde im Frühling erneut geboren. Die Pinienzapfen galten als Symbol der Fruchtbarkeit, Gesundheit und des Glücks. In Japan hielt man die Pinie, neben der Zeder und dem Kastanienbaum, für die irdischen Behausungen der Götter. Da der Baum unter den härtesten Bedingungen zu wachsen vermag, betrachteten ihn die Japaner als Symbol für ein langes Leben und den Winter.

Platane

Die alten Ägypter glaubten, zwei Platanen bewachten den Eingang des Himmels. Dieser lag im Osten, wo Ra, der Sonnengott, sich jeden Morgen erhob. Die Göttin Nuit reichte den verstorbenen Seelen auf ihrem Weg in die nächste Welt Nahrung und Wasser. Nahmen sie es an, konnten sie niemals mehr zurückkehren.

Die langlebige Platane versinnbildlicht Wachstum, Ausdehnung, Ausdauer und Stärke. Manchmal wird sie in Heiltränken und bei Zauberformeln verwendet, die sich mit Erneuerung befassen.

Stechpalme

Den Druiden war die Stechpalme heilig. In Nordeuropa schmückt man die Wohnung zur Weihnachtszeit mit ihren Zweigen, da sie als Sinnbild für das Leben steht und mitten im Winter neues Leben verheißt. In Japan werden Stechpalmenzweige draußen am Haus befestigt, um böse Geister abzuwehren.

Die Christen des Mittelalters assoziierten Jesus mit der Stechpalme, wahrscheinlich weil das (englische) Wort *holly* von dem angelsächsischen *holegn* herrührt, was „heilig" bedeutet. Aus diesem Grunde diente die Stechpalme zur Weihnachtszeit als Kirchendekoration.

Im Laufe der Zeit verband sich mit dieser Pflanze ein gewisser Aberglaube. In England galt es als Unglück, wenn man Stechpalmenzweige bereits vor dem Weihnachtstag ins Haus brachte, und am Dreikönigstag mussten sie wieder entfernt werden. Alleinstehenden Frauen riet man, einen winzigen Zweig an ihrem Bettpfosten zu befestigen, damit sie sich nicht zu Hexen entwickelten. Der Brauch, sein Haus zur Weihnachtszeit mit Stechpalmenzweigen zu schmücken, besteht auch heute noch. Die Nachfrage ist sogar so groß, dass diese Pflanze kommerziell angebaut werden muss.

Die Beeren der Stechpalme bei sich zu tragen, soll beschützend wirken und negative Energien abwehren.

Zeder

Die Zeder wurde mit Fruchtbarkeit und Unsterblichkeit in Verbindung gebracht. Ihr Holz galt als unverwüstlich, weshalb man dem Baum beschützende Wirkung zuschrieb. Den Phöniziern und Sumerern war er heilig. Letztere sahen in ihm den Weltenbaum und den Wohnsitz von Ea, dem Schöpfer der gesamten Menschheit. Die Chaldäer glaubten, die Zeder beinhalte alle Mysterien des Lebens.

Die Ägypter verwendeten Zedernöl zur Einbalsamierung. Die Kelten konservierten mit diesem Öl die Köpfe der in der Schlacht getöteten Feinde.

Da die wichtigsten Götter ihren Sitz in den Zedern hatten, wurden die Bäume gefragt, ob sie zum Tempelbau verwendet werden durften. Die Türen aus Zedernholz zu fertigen, war besonders wichtig, da der Baum das Tor zum Göttlichen symbolisierte und somit die Tempeltore den Eingang zum Göttlichen versinnbildlichten. Außer an der Decke gab es in König Salomons Tempel sehr viel Zedernholz (1. Kön. 6,15). Das Haus König Davids bestand vollkommen aus Zedernholz (2. Sam. 7,2). Die Bibel erwähnt die Zeder des Libanons an mehreren Stellen (Richt. 9,15; Ps. 92,12; 104,16; 148,9; Salomon 5,15; Jes. 2,13; Ez. 17,3).

Zypresse

Für die Phönizier symbolisierte die Zypresse Fruchtbarkeit und Wiedergeburt und war der Göttin Astarte geweiht. Die alten Griechen verehrten den Baum als Heiligtum der Göttin Artemis. Da eine gefällte Zypresse nicht mehr austreibt, versinnbildlicht sie bisweilen die Endgültigkeit des Todes.

In der christlichen Überlieferung steht die Zypresse für Gleichmut, Geduld und Aufrichtigkeit. Daher spricht man bisweilen von dem „Christenbaum". Im Mittelmeerraum findet man sie auf zahlreichen Friedhöfen, da dieser immergrüne Baum die Auferstehung symbolisiert.

II

Baum-Magie

Es gereicht jedem Menschen zum Vorteil, sich in der freien Natur aufzuhalten. Nicht jedem ist es vergönnt, auf dem Land zu leben, aber jeder hat Zugang zu Parks und Gärten. Halte gelegentlich inne und erfreue dich an der Schönheit der einzelnen Naturstimmungen. Sitze still da und meditiere oder entspanne dich. Versuche, mit einem der Bäume zu sprechen. Es muss nicht laut geschehen, wenn du nicht magst oder glaubst, es sei unangebracht. Lausche sorgfältig und höre, was die Bäume dir zu sagen haben. Vielleicht bedarf es am Anfang deiner Vorstellungskraft, aber mit der Zeit wird es dir gelingen, überall, wohin du gehst, eine gegenseitig nutzbringende Unterhaltung mit dem Pflanzenleben zu führen.

Jahrtausendelang hat man sich der Bäume für magische Zwecke bedient, was auch heute noch in vielen Fällen geschieht. Wenn möglich, führe ich meine Rituale im Freien durch, gewöhnlich in der Nähe meines Orakel-Baumes.

Der Orakel-Baum

Der Orakel-Baum stammt aus keltischer Zeit. Die Kelten glaubten, dass die Bäume Himmel und Erde miteinander verbinden. Daher diente der Orakel-Baum der Meditation zwischen Menschen und Göttern. Der einfachste Weg, deinen persönlichen Orakel-Baum zu finden, besteht darin, Bäume, die dich ansprechen, zu umarmen. Der für dich bestimmte Baum wird auf deine Umarmung in anderer Weise reagieren als die übrigen Bäume. Vielleicht musst du Dutzende von Bäumen umarmen, ehe du den richtigen findest. Umarme nicht jeden, dem du begegnest. Wähle Bäume, die dich ästhetisch ansprechen. Ich persönlich suche meine Orakel-Bäume an abgelegenen Stellen, um sicherzugehen, nicht gestört zu werden.

Hast du deinen Baum gefunden, wirst du eine symbiotische Beziehung zu ihm aufbauen. Möglicherweise wird er dich auffordern, Hüter des umliegenden Areals zu werden und damit auf die Bedürfnisse im Umfeld deines Orakel-Baumes zu achten. Als Gegenleistung wird er dich beschützen, lieben und dir Einblicke gewähren.

Suche deinen Orakel-Baum möglichst oft auf. Umarme ihn, setzte dich neben ihn, stelle ihm Fragen, lausche erwartungsvoll auf das, was er zu sagen hat, kümmere dich um sein Umfeld und genieße seine Gesellschaft.

Dieses Umfeld wird rasch zu einem geweihten Ort für dich werden, einem Ort, an dem du dir deiner eigenen Spiritualität bewusst werden und Verbindung zum Göttlichen aufnehmen kannst. Der Geist deines geweihten Platzes wird mit deinem inneren Geist kommunizieren. Da du dich verpflichtet hast, dich um die Region zu kümmern, wirst du unerwartete Unterstützung von den Naturgeistern und dem Universum selbst erhalten. Nimm diese Hilfe an und arbeite mit ihr.

Du wirst großen Gewinn daraus ziehen. Sende deinerseits den Individuen, Orten und dem gesamten Planeten Liebe und Heilung. Es mag hilfreich sein, diesbezüglich ein Ritual durchzuführen, indem du dich von dem reinen weißen Licht der Liebe umgeben siehst, das du in jeden Winkel der Welt aussendest.

Dein Orakel-Baum wird dich heilen, wann immer du der Heilung bedarfst. Fühlst du dich mutlos, erregt oder niedergeschlagen, sprich mit ihm. Setze dich nieder, lehne deinen Rücken an seinen Stamm, damit seine Heilenergie dich erneuert und belebt. Aus persönlicher Erfahrung weiß ich, dass dies hervorragend bei Kopfschmerzen wirkt. Bei ernsthafteren Gesundheitsproblemen wird dein Baum dir ebenfalls helfen. Setze dich ihm zu Füßen, den Rücken gegen seinen Stamm gelehnt, und sprich offen mit ihm über deine Sorgen. Bitte um Liebe und Heilung. Wiederhole diesen Vorgang möglichst oft, bis sich dein Gesundheitszustand gebessert hat.

Freisetzung von Negativität

Wir alle hegen von Zeit zu Zeit negative Gedanken. In den meisten Fällen wird dies nicht zum Problem, da die positiven Gedanken überwiegen. Andererseits können negative Gedanken unsere Gesundheit und unser Wohlbefinden stark beeinträchtigen, wenn wir ständig bei ihnen verweilen. Glücklicherweise sind Bäume gewillt, sie zu absorbieren und sie in für sie brauchbare Energien umzuwandeln.

Ich ziehe es vor, meinen Orakel-Baum nicht zu diesem Zweck zu benutzen, auch wenn ich es könnte. Wenn ich meine Negativität loswerden möchte, nutze ich jedesmal einen anderen Baum.

Gehe durch einen Park oder suche einen anderen Ort auf, an dem es eine Vielzahl von Bäumen gibt, aus denen du wählen kannst. Bleibe an einer Stelle stehen, an der du von Bäumen umgeben bist, und schließe eine Weile die Augen. Atme dreimal ruhig ein und aus und denke, dass du einen Baum benötigst, der bereit ist, dich von deiner Negativität zu befreien. Öffne die Augen und gehe weiter. Deine Intuition wird dich zu dem in diesem Moment für dich richtigen Baum führen.

Sobald du spürst, den geeigneten Baum gefunden zu haben, bleibe stehen. Frage ihn in Gedanken, ob du ihn berühren darfst. Erhältst du eine bejahende Antwort, danke ihm und lege die Hand auf ihn. Bleibt die Antwort aus, danke dem Baum innerlich, dass er dir zugehört hat, setze deinen Weg fort und suche nach einem anderen Baum. Verfahre in der gleichen Weise, bis du einen Baum ausfindig gemacht hast, der positiv reagiert. Persönlich habe ich niemals mehr als eine Zurückweisung erlebt. Ich glaube, alle Bäume wünschen uns das Beste, und wir erhalten nur dann eine abschlägige Antwort, wenn der Baum weiß, dass ein anderer, in der Nähe stehender Baum sich besser für uns eignet.

Unterhalte dich eine Weile mit dem Baum. Vielleicht möchtest du ihn im Laufe eurer intuitiven Zwiesprache streicheln oder umarmen. Frage ihn in einem geeigneten Augenblick, ob du ihm die unfreiwillig in deinem Körper angesammelte Negativität überlassen darfst. Hast du Freundschaft mit ihm geschlossen, wirst du stets eine bejahende Antwort erhalten.

Stelle dich mit dem Rücken möglichst nahe an den Baum. Führe die Hände nach rückwärts, damit auch sie ihn berühren. Schließe die Augen und danke ihm, dass er dich von allen negativen Schwingungen, die sich in deinem Körper angesammelt haben, befreit. Du wirst bei dieser Übung einige körperliche Veränderungen feststellen. Vielleicht hast du das Gefühl, als werde die Negativität aus dir herausgezogen. Du magst in einem oder mehreren Chakras eine positive Reaktion bemerken. Verharre in dieser Stellung, bis du spürst, dass alles Negative entwichen ist. Drehe dich um und umarme den Baum. Danke ihm für seine Hilfe.

Einer meiner Freunde entledigt sich seiner Negativität in anderer Weise. Sobald er den richtigen Baum gefunden und die Erlaubnis erhalten hat, ihm das Negative zu übertragen, fährt er mit den Händen kräftig über seinen Körper. Anschließend reibt er die Hände am Baumstamm ab. Er wiederholt diesen Vorgang, bis er sich befreit fühlt.

Experimentiere mit beiden Methoden und finde heraus, welche dir mehr liegt. Probiere unterschiedliche Möglichkeiten aus. Deine Intuition lässt dich vielleicht einen völlig anderen Weg beschreiten, der für dich aber der beste sein mag.

Sanfte Umarmung

Es hat mir stets Freude bereitet, Bäume zu umarmen, und ich habe großen Gewinn daraus gezogen. Man könnte es als eine Art Meditation bezeichnen und allein aus diesem Grunde als sinnvoll betrachten. Ich persönlich sehe noch weit mehr darin. Die Umarmung verbindet mich mit der Baumseele, und es werden mir Kenntnisse zuteil, die ich auf keine andere Art erlangen könnte. Wenn ich einen Baum umarmt habe, fühle ich mich innerlich ruhig und neu belebt. Besonders alte Bäume erweisen sich als wunderbare Energiequellen. Diese Energie kann auf drei verschiedene Arten aufgenommen werden, durch Berührung des Baumes, indem man sich unter den Baum setzt, den Rücken gegen seinen Stamm gelehnt, oder indem man ihn umarmt.

Fast jeder hat den Ausdruck „einen Baum umarmen" schon einmal gehört. Leider gibt es Leute, die aus Unkenntnis jene Menschen, die gerne Bäume umarmen, belächeln. Es gab eine Zeit, da habe ich versucht, solche Leute zu überreden, es einmal selbst zu versuchen, musste aber feststellen, dass es sich um reine Zeitverschwendung handelt. Man muss die positive Wirkung selbst herausfinden.

Wenn du bisher noch keinen Baum umarmt hast, experimentiere an einem Ort, an dem dich niemand stört. Übe entweder alleine oder mit jemandem, der sich dafür offen zeigt.

Es gibt keinen richtigen oder falschen Weg. Jede Kontaktaufnahme ist in Ordnung. Nach meiner Erfahrung erzielt man die beste Wirkung, wenn man bei der Umarmung den Stamm mit seinem Herz- und Stirn-Chakra berührt:

1. Wähle den geeigneten Baum. Ich suche Bäume aus, die gute und gesunde Vertreter ihrer Spezies zu sein scheinen. Ich bevorzuge ältere Bäume mit dickem Stamm. Halte nach Bäumen Ausschau, die dich ästhetisch ansprechen. In den meisten Fällen wird der Baum dich und nicht du den Baum wählen. Vielleicht musst du mehrere Bäume umarmen, bis du denjenigen herausfindest, der sich für dich richtig „anfühlt".

2. Stelle dich mit gespreizten Beinen vor den Baum. Lächele ihn an und lehne dich mit dem Brustkorb gegen seinen Stamm, damit dein Herz-Chakra Kontakt zu ihm aufnimmt. Umarme ihn zärtlich. Lehne deine Stirn gegen den Stamm. Atme tief ein und schließe die Augen.

3. Atme über dein Bauchfell. Lasse dir Zeit, damit du die Berührung mit deinem Brustkasten wirklich spürst. Nach und nach wird dich ein Gefühl des Wohlbehagens, des Friedens und der inneren Ruhe überkommen.

4. Genieße dieses Gefühl etwa eine halbe Minute lang und konzentriere dich auf die Stirn, Sitz des Stirn-Chakras und des Dritten Auges.

5. Pendele deine Aufmerksamkeit sanft zwischen den beiden Chakras hin und her. Verweile jedesmal etwa dreißig Sekunden.

6. Spüre die Energie des Baumes in deinen Händen und Armen sowie in den anderen Körperteilen, die den Baum berühren. Empfange dankbar seine Kraft und Stärke.

7. Wenn du möchtest, sprich zu dem Baum. Dies kann mental geschehen oder laut. Warte geduldig auf eine Antwort, die dich als Gedanke erreichen wird. Du magst dem Baum Fragen stellen, und die Unterhaltung kann so lange dauern, wie du es wünschst.

8. Fahre fort, den Baum dabei zu umarmen. Bist du bereit loszulassen, danke ihm zuerst.

9. Streichele ihn sanft zum Abschied. Bringe lächelnd deine Dankbarkeit zum Ausdruck. Gewöhnlich winke ich ihm beim Fortgehen zu. Sage ihm ein letztes Mal Lebewohl und nimm deinen Alltag wieder auf.

Man hat mich wiederholt gefragt, warum ich bei dieser Übung die Chakras mit einbeziehe, da eine einfache Umarmung doch genüge. Natürlich umarmen viele Leute Bäume, ohne dabei an ihre Chakras zu denken, obwohl in den meisten Fällen zumindest ein Chakra daran beteiligt ist. In Kapitel sieben werden wir näher auf die Chakras eingehen.

Wenn ich einen Baum umarme, geschieht dies unter Einbeziehung meines Herz- und Stirn-Chakras. Mein Herz-Chakra verkörpert universelle Liebe und Verständnis. Der Baum hilft mir, dieses Energiezentrum ins Gleichgewicht zu bringen, damit ich meinen Gefühlen mühelos Ausdruck zu verleihen vermag. Gleichzeitig wird meinem Stirn-Chakra Energie zugeführt, was meinen Zugang zum logischen Verstand und zur übersinnlichen Wahrnehmung vereinfacht.

Empfinde ich die Notwendigkeit, ein anderes Chakra auszugleichen oder aufzuladen, kann ich den Baum in einer Weise umarmen, der dieses Chakra mit seinem Stamm in Berührung bringt. Will man alle seine Chakras aufladen, stelle man sich mit dem Rücken an den Baum und umarme ihn rückwärts. Bisweilen gehe ich in dieser Weise vor, bevorzuge es aber, den Baum bei der Umarmung anzuschauen.

Baum-Meditation

Vielleicht ist es dir nicht möglich, deinen Orakel-Baum bei jedem Wetter aufzusuchen. Steht er weit entfernt von deiner Wohnung, kannst du ihn unter Umständen nicht regelmäßig besuchen. Vielleicht lebst du mitten in der Großstadt und besitzt keine Möglichkeit, einen geeigneten Baum zu finden. Glücklicherweise kannst du dir deinen Orakel-Baum oder irgendeinen anderen Baum nach Belieben vorstellen.

Setze dich bequem nieder, schließe die Augen und entspanne die Körpermuskulatur. Überprüfe innerlich, ob du vollkommen entspannt bist. Entdeckst du verbliebene Verspannungen, konzentriere dich auf diesen Bereich und überprüfe den Körper erneut.

Bist du bereit, erblicke dich in einem wunderschönen Raum. Du sitzt in einem wundervoll bequemen Sessel. An der Zimmerwand zu deiner Rechten hängt ein großes Gemälde, das eine Wiese mit einem Wald im Hintergrund darstellt. Das Bild strahlt eine solche Ruhe und einen so tiefen Frieden aus, dass du beschließt, aufzustehen und es eingehender zu betrachten.

Aus der Nähe sieht es noch schöner aus. Du gehst näher und

näher, und plötzlich befindest du dich inmitten des Gemäldes auf der Wiese. Es erscheint dir vollkommen normal, dort zu stehen. Du blickst dich interessiert um. Du riechst das frische Gras und hörst den Gesang der Vögel im Wald vor dir.

Es ist ein wunderschöner Tag, und du genießt den Blick in den blauen Himmel über dir, an dem hoch oben nur ein paar bauschige Wolken entlang ziehen. Vielleicht siehst du ein oder zwei Eichhörnchen die Baumstämme empor eilen. Ein sanfter Wind rauscht durch die Zweige, der dich zu rufen scheint. Du fühlst dich sicher und glücklich bei diesem tröstlichen Klang und wanderst über die Wiese in den herrlichen Wald.

Angenehme Kühle umfängt dich. Du dringst tiefer vor und genießt den Frieden und die Stille der Natur. Hin und wieder bleibst du stehen und bewunderst verschiedene Bäume. Du stellst fest, dass du telepathisch mit ihnen kommunizieren kannst und erfreust dich an eurer Unterhaltung. Einige Bäume sind noch recht jung, andere sehr alt. Du entdeckst, dass jeder Baum seine eigene Persönlichkeit besitzt. Einige stecken voller Begeisterung und möchten reden, während andere sich damit zufriedengeben, dass man sie einfach nur zur Kenntnis nimmt.

Du gehst eine Schneise entlang. An ihrem Ende steht ein herrlicher Baum, und du erkennst, dass es sich um den Baum handelt, den du gesucht hast. Du beschleunigst deine Schritte, da du einiges mit ihm zu besprechen hast. Bald stehst du unter ihm und umarmst ihn liebevoll. Du nimmst seine Energie in dich auf und dankst ihm, dass er dort für dich steht.

Du setzt dich nieder und lehnst dich gegen seinen Stamm. Du fragst ihn, ob er sich mit dir unterhalten will. Wenn er zustimmt, erzählst du ihm alles, was dich bewegt – deine Hoffnungen, Träume, Ziele, Sorgen und Ängste. Du kannst auch die Sorgen besprechen, die dich in Bezug auf dir nahestehende Mitmenschen bedrücken.

Gib dem Baum genügend Zeit für die Antworten. Du magst den Baum sprechen „hören". Es ist aber wahrscheinlicher, dass die Antworten in deinem Geist auftauchen. Wenn nötig, bitte um weitere Erklärungen.

Hat der Baum alle deine Fragen beantwortet, frage ihn, was du für ihn tun kannst. Er mag dich bitten, mehr Zeit für die Natur in deinem Umfeld aufzubringen. Vielleicht schlägt er sogar vor, einer an ökologischen Themen interessierten Gesellschaft beizutreten oder mehr über dieses Thema zu lesen.

Unterhalte dich mit dem Baum, so lange du möchtest. Es ist nicht nötig davonzulaufen, sobald deine Fragen beantwortet sind. Genieße die heilende geistige Energie, die dir der Baum schenkt.

Wenn du fühlst, dass es an der Zeit ist aufzubrechen, erhebe dich, umarme den Baum nochmals und danke ihm für seine Hilfe. Gehe den gleichen Weg zurück. Durchquere die Wiese und steige aus dem Bild.

Gönne dir einen Augenblick, dich wieder an deine Umgebung anzupassen. Bist du bereit, atme dreimal tief durch und öffne die Augen.

Nach dieser Baum-Meditation wirst du dich erfrischt und voller Energie fühlen. Du wirst wertvolle Einblicke gewonnen haben, die dein Leben bereichern. Ich habe festgestellt, dass sich der Baum am Ende der Schneise während der Meditation bisweilen verändert. Gewöhnlich handelt es sich um meinen Orakel-Baum, aber mitunter mag es eine hohe Tanne, eine alte Eiche, eine Trauerweide oder irgendein anderer Baum sein. Es beunruhigt mich nicht mehr, da ich ausnahmslos im gegebenen Zeitpunkt mit demjenigen Baum spreche, mit dem ich sprechen soll. Möchte ich nur mit meinem Orakel-Baum reden, bitte ich vor Beginn der Meditation darum.

Das keltische Baum-Alphabet

Die Kelten liebten, schätzten und verehrten die Natur. Sie betrachteten sie nicht als eine auszubeutende Quelle, sondern als nährende Gegenwart, die der gesamten Menschheit beisteht. Mit anderen Worten, sie glaubten an die Vorstellung von einer *Mutter Erde*.

Die Druiden hielten viele ihrer Zeremonien im Freien ab, in als *mementos* bekannten heiligen Hainen. Bei den darin wachsenden heiligen Bäumen handelte es sich gewöhnlich um Eichen. Römische Schriftsteller berichteten von der Sorgfalt, mit der sie die Mistel und heilige Kräuter ernteten. Heilige Quellen ermöglichten es ihnen, Mutter Erde ihre Liebe für ihre Leben spendenden Wasser zu bekunden.

Die Kelten besaßen ein interessantes bardisches Alphabet, genannt Ogham. Es wird Ogma, dem Sohn König Elathans, zugeschrieben, der es um 600 v. Chr. ersann, um seinen Einfallsreichtum unter Beweis zu stellen.[9]

Die ältesten Beispiele der Aufzeichnungen gehen allerdings nur bis zum 4. Jahrhundert n. Chr. zurück.

Das Ogham-Alphabet besteht aus fünfundzwanzig Buchstaben oder Oghams. Ogma ersann zwanzig von ihnen. Die übrigen fünf wurden später hinzugefügt. Dabei handelt es sich nicht nur um ein Alphabet. Die Oghams bildeten ein mnemotechnisches System, das die gesamte kosmologische Weltsicht der Kelten umfasste. Jedes Ogham stand in Beziehung zu einem Baum, einer Farbe, einem Tier und einem Baum-Monat. Meiner Ansicht nach liefern

---

9 Anonym, *The Book of Ballymote*. Dieses irische Manuskript aus dem 14. Jahrhundert befindet sich in der Bibliothek der Königlich-Irischen Akademie in Dublin. Man hält es für eine Kopie von Texten aus dem 9. Jahrhundert. In dem Manuskript heißt es: „Ogma, ein in der Dialektik und Dichtkunst bewanderter Mann, erfand Ogham, in der Absicht, eine geheime Zeichensprache zu schaffen, die den Gebildeten vorbehalten und dem einfachen und armen Volk nicht zugänglich war."

die Grundnoten für jedes Ogham faszinierende Einblicke in das Wesen der einzelnen Bäume.

Beithe: Birke, weiß, Kuh, 24. Dezember - 20. Januar. Grundnote: Beginn.

Luis: Eberesche, rot und grau, Einhorn und Bär, 21. Januar - 17. Februar. Grundnote: Einsicht.

Fearn: Erle, karmesinrot, Rotfuchs, Widder und Hengst, 18. Februar - 17. März, Grundnote: Stärke.

Saille: Weide, feuerrot, Hase und Katze, 18. März - 14. April. Grundnote: Intuition.

Nion: Esche, hellgrün, Schlange, 15. April - 12. Mai. Grundnote: Frieden.

Huath: Hagedorn, Purpur, Ziege, Drachen, 13. Mai - 9. Juni. Grundnote: Einschränkung.

Duir: Eiche, dunkelbraun und schwarz, Schimmel, Löwe und Salamander, 10. Juni - 7. Juli. Grundnote: Schutz.

Tinne: Stechpalme, dunkelgrau, Kriegspferd, 8. Juli - 4. August. Grundnote: Gleichgewicht.

Coll: Haselstrauch, braun, Lachs, 5. August - 1. September. Grundnote: Intuition.

Quert: Apfel, grün, Einhorn, 2. - 29. September. Grundnote: Schönheit.

Muin: Weinstock, vielfarbig, Eidechse, 30. September - 27. Oktober. Grundnote: Weissagung.

Gort: Efeu, himmelblau, Eber, 28. Oktober - 24. November. Grundnote: Fortschritt.

Ngetal: Schilf, grasgrün, Hund, Hirsch und Ratte, 25. November - 23. Dezember. Grundnote: Einheit.

Straif: Schlehdorn, strahlendes Purpur, Wolf, Kröte und schwarze Katze. Grundnote: Schicksal.

Ruis: Holunder, blutrot und Löwe. Grundnote: Wandel.

Ailm: Föhre, blassblau, rote Kuh. Grundnote: Macht.

Ohn: Stechginster, gelb und golden, Kaninchen. Grundnote: Weisheit.

Ur: Heidekraut, purpur, Biene und Löwe. Grundnote: Medialität.

Eadha: Espe, silber und rot, weiße Stute. Grundnote: Standhaftigkeit.

Ioho: Eibe, dunkelgrün, Spinne. Grundnote: Unsterblichkeit.

1948 schrieb der englische Dichter und Romanschriftsteller Robert Graves (1895-1985) ein Buch über die keltische Tradition unter dem Titel *The White Goddess*, das großen Einfluss ausübte.[10] Darin stellte er den dreizehn Monate umfassenden Baum-Kalender vor, der seitdem eine wesentliche Rolle im neuzeitlichen Heidentum gespielt hat. Diese Version des Baum-Kalenders führt die Monate folgendermaßen auf:

Beithe (Birke):   24. Dezember - 20. Januar.

Luis (Eberesche):   21. Januar - 17. Februar.

Nion (Esche):   18. Februar - 17. März.

Fearn (Erle):   18. März - 14. April.

Saille (Weide):   15. April - 12. Mai.

Huath (Hagedorn):   13. Mai - 9. Juni.

Duir (Eiche):   10. Juni - 7. Juli.

Tinne (Stechpalme):   8. Juli - 4. August.

Coll (Hasel):   5. August - 1. September.

Muin (Weinstock):   2. September - 29. September.

Gort (Efeu):   30. September - 27. Oktober.

Ngetal (Schilf):   28. Oktober - 24. November.

Ruis (Holunder):   25. November - 22. Dezember.

---

10 Robert Graves, The White Goddess: *A Historical Grammar of Poetic Myth* (New York: Farrar, Strauss and Cudahy, 1948).

Mistel: 23. Dezember (Mittwintertag)

Kommerziell angefertigte Orakel-Karten und Ogham-Ruten sind käuflich zu erwerben, falls man sich für die Wahrsageaspekte des Ogham interessiert.[11]

---

11 Richard Webster, *Omens, Oghams and Oracles: Divination in the Druidic Tradition* (St. Paul, MN: Llewellyn, 1995). Dieses Buch erläutert verschiedene druidische Methoden der Wahrsagekunst, einschließlich der Oghams. Matthew Flesch, Ogham: *Druidic Oracle of the Trees* (Dragon Torque Press, 1997). Dabei handelt es sich um einen Satz Ogham-Hölzer und ein zweiundsiebzig Seiten starkes Anleitungsbuch. Liz Murray and Collin Murray: *The Celtic Tree-Oracle: A System of Divination* (New York: St. Martin's Press, 1988).

III

Die Welt der Blumen

Blumen können schön, zart, farbenfroh und duftend sein. Es überrascht nicht, dass sich die Menschen seit alters her zu ihnen hingezogen fühlen. Aufgrund ihrer kurzen Lebensspanne hat man die Blume nicht nur mit Jugend, Schönheit und Liebe in Verbindung gebracht, sondern auch mit der flüchtigen Natur des Lebens selbst.

Lange bevor es Blumengärten gab, nutzten die Menschen die Blumen als Parfüm, Arzneimittel und Nahrung. Man streute sie auf Gräber und verwendete sie als Opfergaben für die Götter. Blumen haben schon immer eine magische Bedeutung besessen.

Die alten Griechen verehrten die Blumengöttin Chloris. Die Römer nannten sie Flora und feierten ihr zu Ehren jedes Jahr ein Blumenfest. Es gibt heute noch Darstellungen von ihr, besonders auf Münzen. Gewöhnlich hält sie Blumen in der Hand oder verstreut Blütenblätter.

In der griechisch-römischen Periode war es allgemein üblich, Blumen auf die Gräber zu legen, was aber bereits Jahrhunderte zuvor praktiziert wurde. Die frühen Christen akzeptierten diesen Brauch nicht, mussten ihm aber aufgrund seiner Popularität Folge leisten.

Im 17. Jahrhundert streute man für das Brautpaar Blumen und Kräuter auf seinem Weg zur Kirche. William Brown (1591-1643) beschreibt in *Britannia's Pastorals* (1613) eine Dorfhochzeit in Devonshire:

Ich habe gesehen, wie an einem Hochzeitstage
Junge Mädchen in ihrem besten Gewand zur Ehre der Braut
Mit langen flachen Körben kommen, gefüllt mit Blumen,
Andere bringen Weidenkörbe und Binsen aus dem Moor,
Um den Weg zu bestreuen,
auf dem das Liebespaar zur Kirche schreitet,
Während die reizende Jugend der ganzen Gegend
Unter viel Dudelsackmusik das Paar auf seinem Weg begleitet.

Pflanzen wurden im Europa des Mittelalters zu verschiedenen Zwecken eingesetzt. So glaubte man, dass Petersilie Betrunkenheit verhindere. Anis konnte Alpträume verscheuchen und Lorbeer prophetische Träume fördern. Wahrsager vermochten das Schicksal kranker Menschen vorherzusagen, wenn sie ein Zweiglein Eisenkraut auf den Kopf des Kranken legten. Menschen, die beraubt worden waren, sollten Heliotrop unter ihr Kopfkissen legen und darauf vertrauen, dass ihnen der Dieb im Traum erschien.

In der Viktorianischen Zeit maß man den Blumen eine solch hohe Bedeutung bei, dass große Blumengärten entstanden, aber nicht in der Absicht, Schönheit zu schaffen, sondern um die Grundstoffe für Küche, Arzneimittel, Parfüm und verschiedene Handwerke zu liefern.

Ein Blumengeschenk gilt als Glücksbringer, für den Beschenkten ebenso wie für den Schenkenden.

Blumen als Symbole

Die einzelnen Blumen besitzen ihre eigene symbolische Bedeutung. Allgemein betrachtet, stehen sie für Weiblichkeit, Unschuld, Offenbarung, Liebe sowie die Seele.

In zahlreichen Religionen symbolisieren sie geistiges Erwachen. Brahma und Buddha werden als aus einer Blume emporsteigend dargestellt. Die Jungfrau Maria hält häufig eine Iris oder eine Lilie in der Hand. Die Lilie wird mit Reue in Zusammenhang gebracht. Es heißt, sie sei aus den Tränen Evas gewachsen, die sie vergoss, als sie aus dem Garten Eden vertrieben wurde. Blumen können auch Tod und Wiedergeburt symbolisieren. Aus diesem Grunde streuten die Römer Rosen auf ihre Gräber. Im Taoismus bedeutet es Weisheit, wenn aus dem Haupt einer Person eine goldene Blume sprießt.

Ikebana, die japanische Blumen-Steckkunst, besitzt ihre eigene komplexe Symbolik, die die Ideale des Zen-Buddhismus widerspiegelt. Die Blumen werden in einer Triade angeordnet, die Himmel, Menschheit und Erde symbolisiert. Da diese drei Elemente ein vollkommenes Universum bilden, müssen die Blumen ebenfalls in einer vollkommenen, scheinbar mühelosen Weise angeordnet werden. Bei einer anderen Anordnung weisen die Pflanzen fließend nach unten, um den allmählichen Verfall des Lebens darzustellen. Im Gegensatz dazu ordnet eine andere Schule, die so genannte *rikka* oder „stehende" Schule, alle Blumen in aufrechter Position an, um die Treue zu Gott, den Kaiser oder einen Lebenspartner zu symbolisieren. Rikka-Arrangements sind bewusst asymmetrisch aufgebaut, da sie einen Lebensaspekt darstellen, der niemals vollkommen ist.

In den sechziger Jahren des 20. Jahrhunderts diente den Blumenkindern die Blume als Zeichen des Friedens.

Blumen und Aberglaube

In Verbindung mit Blumen gibt es zahlreiche abergläubische Vorstellungen. So hat man es stets als schlechtes Omen betrachtet, wenn eine Pflanze außerhalb der Saison blühte. Bestimmte Blumen sollte man nicht ins Haus bringen, da sie angeblich den Tod eines Familienmitgliedes herbeiführen. Von weißen Blumen zu träumen, gilt ebenfalls als Zeichen des Todes in der Familie. Abgeschnittene Blumen, die man unterwegs findet, aufzuheben, bedeutet Unglück. Sie können sogar ein Todeszeichen sein.

Schauspieler bevorzugen künstliche Blumen als Bühnendekoration, da frische Blumen in ihren Augen Unheil bringen. Eine Ausnahme bilden die Blumen, die man ihnen nach der Vorstellung überreicht.

Blumen in der christlichen Tradition

Einer Legende zufolge zittert die Espe, weil das Kreuz, an dem Jesus hing, aus ihrem Holz gezimmert war. In einer anderen Legende heißt es, dass dieses Kreuz aus Holunderholz bestand. Judas Iskariot soll sich an einem Holunderbaum erhängt haben. Aus diesem Grund werden die ovalen Pilzauswüchse auf der Rinde bisweilen „Judas-Ohren" genannt. In *Love's Labours Lost* (Akt 5, Szene 11) schrieb William Shakespeare, dass Judas an einem Holunderbaum aufgehängt wurde. Eine andere Überlieferung besagt, dass es sich dabei um einen Feigenbaum handelte.

Die Passionsblume gehört zur Gattung der Passiflora. Im 16. Jahrhundert gaben spanische Missionare der Pflanze wohl diesen Namen, da sie vielfach mit der Passion Christi in Verbindung gebracht wurde. Ihr Blatt versinnbildlichte den Speer. Die fünf Blütenblätter und die fünf Kelchblätter stellten die zehn Apostel dar – nur zehn, da Petrus und Judas nicht mitgezählt wurden, weil Petrus Christus verleugnete und Judas Iskariot ihn verriet. Die fünf Staubbeutel standen für die fünf Wunden. Die Ranken symbolisierten die Peitschenhiebe. Der Fruchtknotenstengel veranschaulichte den senkrechten Kreuzbalken, die Staubblätter die Hammerschläge, die drei Blütennarben die drei Nägel. Die Staubfäden verkörperten die Dornenkrone und der Blütenkelch die himmlische Herrlichkeit. Der weiße Farbton der Blume symbolisierte Reinheit und die blaue Färbung den Himmel. Die Blüte öffnet sich für drei Tage, was an die drei Tage zwischen Kreuzigung und Auferstehung erinnert.

Adam und Eva verhüllten ihre Nacktheit mit einem Feigenblatt, nachdem sie die verbotene Frucht gegessen hatten.

Auf einige Blumen soll das Blut Christi getropft sein, als er am Kreuz hing. Diese Pflanzen tragen heute noch gefleckte Blüten. Es sind die rote Anemone, der Aronstab, die purpurfarbene Orchidee und der gefleckte Knöterich. Das Eisenkraut wird häufig hinzugezählt, da es karmesinrot gesprenkelte Blätter besitzt.

Eine Reihe von Pflanzen sind christlichen Heiligen geweiht, wie:

Krokus ....Hl. Valentin

Gänseblümchen......Hl. Margarete

Kuckucksblume......Jungfrau Maria

Rose ....Maria Magdalena

Johanniskraut ....Hl. Johannes

Blumen und Nahrung

Unsere Vorfahren wussten, welche Pflanzen genießbar und welche giftig waren. Viele giftige Kräuter erkannten sie an ihrem bitteren Geschmack und mieden sie, während die essbaren Gattungsarten gepflückt und verzehrt wurden.

Samen gehörten zur Grundnahrung der Menschen, was anhand der im Magen des „Tollund-Mannes" gefundenen Samen nachgewiesen werden konnte, der vor etwa zweitausendvierhundert Jahren eines grauenvollen Todes starb. Der im Moor konservierte Körper wurde 1950 in Dänemark entdeckt. Die letzte Mahlzeit war eine Suppe aus verschiedenen Gemüsen und Samen gewesen, wie Gerste, Saat-Leindotter (*camelina sativa*), Leinsamen, Vogelknöterich, Borstenhirse und Kamille. Manche Samen waren schwierig zu finden. Sie wurden gesammelt und gelagert, wahrscheinlich für besondere Gelegenheiten. Samen sind aufgrund ihres Eiweißreichtums und der Kohlehydrate besonders wertvoll.

Das Gleiche galt für Wurzeln, von denen man eine große Vielfalt verzehrte, bis um etwa 1570 die Kartoffel in Europa Einzug hielt. Allgemein bekannt wurde diese erst in den achtziger Jahren des 18. Jahrhunderts.

Auch in der heutigen Zeit werden viele Blumen verzehrt, meistens als kulinarische Kräuter. Verschiedene Minze-Arten setzt man als Gewürze und als Heilmittel bei Husten und Gelbsucht ein.

Im Laufe der Zeitgeschichte sind zahlreiche Blumen zu Heil- und magischen Zwecken verwendet worden. Die wichtigsten sind:

Alpenveilchen

Da die Blätter des Alpenveilchens dem menschlichen Ohr ähneln, wurde diese Pflanze als nützliches Heilmittel bei Hör- und Ohrproblemen betrachtet. Im Mittelalter stopften die Männer, die befürchteten, ihr Haar zu verlieren, sie in ihre Nase, um übermäßigem Haarausfall vorzubeugen.

Das Alpenveilchen wurde lange Zeit mit Liebe und Romanze in Zusammenhang gebracht und zur Herstellung von Amuletten und Liebestränken verwendet. Die Wurzel dieser Pflanze diente gewöhnlich dazu, die Geburtswehen abzuschwächen. Der englische Schriftsteller und Landschaftsplaner John Gerard (1545-1612) schrieb, Alpenveilchen sollten eingezäunt werden, „da eine schwangere Frau zufällig darauf treten und eine Fehlgeburt erleiden könne".[12]

Anemone

Der griechisch-römischen Mythologie zufolge entstand die rote Anemone aus dem Blut des sterbenden Adonis, den bei der Jagd ein Wildschwein aufspießte. An jenen Stellen, an denen sein Blut und die Tränen der trauernden Liebesgöttin Aphrodite den Boden benetzten, sprossen Anemonen hervor. Aus diesem Grunde wird die Pflanze mit Schönheit, Liebe, jugendlicher Energie und Begeisterung in Zusammenhang gebracht. Die christliche Kirche verband die rote Farbe der Anemone mit dem von Jesus am Kreuz vergossenen Blut.

Nach der Volksheilkunde kann zur Anregung der Menstruation eine Abkochung von Anemonen-Blättern getrunken werden.

---

12 John Gerard, *Herball or Generall Historie of Plantes*. 1597 erstmals erschienen. Eine Neuauflage der überarbeiteten Ausgabe (1633) wurde von Lawrie und Hanley, Manchester, UK, 1882 veröffentlicht.

Angelika

Um böse Geister abzuschrecken, trage man die Blätter dieser Pflanze bei sich oder lege sie rund um das Haus.

Chrysantheme

Die Chrysantheme gilt allgemein als Zeichen des Herbstes. Im Westen bringen Künstler mit dieser Blume Tod und Zerfall zum Ausdruck. Im Osten symbolisiert sie glückliche Fügung, Freude, ein langes Leben und Wohlstand. Im Feng Shui wird die Chrysantheme als eine der fünf günstigen Blumen betrachtet, die Glücksgefühl und Lachen verkörpern. In Japan findet man sie auf dem offiziellen Wappen der Königsfamilie, da sie mit ihren strahlenden Blütenblättern der leuchtenden Sonne gleicht.

Ein aus dieser Blume zubereiteter Tee besitzt kühlende Eigenschaften und hilft bei Fieber.

Gänseblümchen

Bellis, der botanische Name für das Gänseblümchen, kommt aus dem Griechischen und bedeutet „Krieg". Die Bezeichnung mag der Tatsache entsprungen sein, dass diese Pflanze als Desinfektionsmittel für die Wunden der verletzten Soldaten verwendet wurde. Der heutige Ausdruck, „die Gänseblümchen von unten betrachten", spielt wohl auf die gefallenen Soldaten an, die unter einer Gänseblümchenwiese begraben wurden.

In der christlichen Überlieferung steht das Gänseblümchen für Unschuld. Folglich brachte man es mit der Jungfrau Maria und ihrem Sohn Jesus in Verbindung.

Wenn die Ritter des Mittelalters auszogen, trugen sie Gänseblümchen bei sich. Jeder wusste dann, dass sie zu Ehren der Dame kämpften, die sie liebten. Möglicherweise wurde die Blume aus diesem Grund zum Symbol für Treue und Loyalität im Hinblick auf die Liebe.

Der Brauch, die Blütenblätter mit den Worten: „Er liebt mich, er liebt mich nicht" einzeln abzuzupfen, stammt aus Viktorianischer Zeit. Das letzte abgezupfte Blütenblatt offenbart, ob der Geliebte die Fragende tatsächlich liebt oder nicht.

Eine Paste aus zermahlenen Gänseblümchen wirkt schmerzlindernd.

Gartennelke

In der christlichen Tradition spielt die Nelke eine wesentliche Rolle, da sie angeblich an jenen Stellen hervorbrach, an denen die Tränen der Jungfrau Maria auf ihrem Weg zur Kreuzigung ihres Sohnes auf den Boden tropften. In Mexiko gelten Nelken als „Todesblumen." Man streut sie um den für die Beerdigung vorbereiteten Leichnam. In den Niederlanden verbindet man die Nelke mit der Liebe.

Nelken beseitigen negative Energien, besonders bei Beziehungsproblemen. Vor allem rote Nelken sorgen für Energie und Optimismus.

Geißblatt

Im Volksglauben heißt es, dass bald eine Hochzeit stattfinden wird, wenn man das Geißblatt in sein Haus holt. Ein Sträußchen oder eine Vase voll Geißblatt im Schlafzimmer fördert zärtliche Liebesträume.

Iris = Botin der Himmelsgöttin Juno

Gelbe Narzisse

Man hat die gelbe Narzisse stets als heitere Blume betrachtet, die den Geist erfreut. Ihre zerstampften Wurzeln kann man auf Wunden und Blutergüsse auftragen, um Schmerzen und Entzündungen zu mildern.

Geranie

Die Geranie gilt als positive Blume, die Selbstvertrauen und Selbstachtung fördert. Außerdem unterstützt sie die Erholung nach einer zerbrochenen Beziehung. Es ist besser, die im Freien stehenden Geranien zu bewundern, obwohl eine Vase mit diesen Blumen ebenfalls hilfreich sein kann.

Iris † *Frauen*

In den meisten Fällen wird die Jungfrau Maria mit einer Lilie dargestellt. In der deutschen Kunst findet man sie eher mit einer Iris abgebildet. Iris war die Botin der Himmelsgöttin Juno und trug die Botschaften der Götter über einen regenbogenfarbenen Weg, der nach dem Regen aufstrahlte, zur Erde. Das Erscheinen eines Regenbogens galt als Zeichen, dass Iris eine Botschaft überbrachte. Das Farbband, das die Pupille des Auges umgibt, wird ebenfalls Iris genannt. Es geschah nicht zufällig, dass der griechische Historiker Plutarch die Iris als das „Auge des Himmels" bezeichnete.

Es hat stets eine enge Beziehung zwischen dieser Blume und den Frauen bestanden. Die alten Griechen pflanzten sie auf die Frauengräber, damit sie ihre Seelen in das Elysium führte. In Virgils *Aeneas* nahm Iris von der sterbenden Königin Dido eine Haarlocke, um ihre Seele vom Körper zu befreien.

Die Franzosen haben immer eine starke Vorliebe für die Iris, die ursprüngliche Bourbonen-Lilie, bekundet. Der Überlieferung nach versperrte ein Fluss den Weg der Armee, die König Clovis (ca. 465-511) anführte. Er bemerkte die im Wasser wachsenden Iris und erkannte die seichte Stelle, durch die seine Truppen den Fluss überqueren konnten. Die Schlacht wurde gewonnen. Später pflückten die Soldaten die Irisblüten und flochten Kronen daraus.

Johanniskraut

Das Johanniskraut galt an allen Orten, an denen es wuchs, als magische Pflanze. Es schützte vor Gespenstern, bösen Geistern, Feuer und Gewitter. Es wurde als Liebesamulett und zur Steigerung der Fruchtbarkeit eingesetzt.

Die Pflanze besitzt gelbe Blüten und rot gesprenkelte Blätter. Diese Flecken symbolisieren das Blut von Johannes dem Täufer. Man glaubte, sie zeigten sich jedes Jahr am 27. August, an jenem Tag, an dem er angeblich enthauptet wurde.

Junge Mädchen pflegten am Mittsommertag (23. Juni) früh aufzustehen, um vom Tau benetztes Johanniskraut zu sammeln, damit sie innerhalb der nächsten zwölf Monate heirateten. Unverheiratete Frauen konnten von ihrem zukünftigen Ehemann träumen, wenn sie Johanniskraut unter ihr Kopfkissen legten. Unfruchtbaren Frauen riet man, in der Johannis-Nacht nackt in ihren Garten zu gehen und das Kraut zu pflücken, um innerhalb von zwölf Monaten ein Kind zur Welt zu bringen. In der Johannis-Nacht entzündete man Freudenfeuer, die Unmengen von Johanniskraut enthielten. Man trieb das Vieh durch den Rauch, damit er sie vor bösen Geistern beschützte. Verkohlte Zweige hob man auf und verwendete sie als Talisman, der Haus und Hof beschützte.

Lilie

In griechisch-römischer Zeit wurde die Lilie der Venus zugeordnet und symbolisierte Keuschheit und Reinheit. Die frühen Christen übernahmen dieses Sinnbild und verknüpften die weißen Blütenblätter und den süßen Duft mit der Jungfrau Maria. Einer alten Legende zufolge sollen die Lilien aus den Tränen Evas entstanden sein, als sie den Garten Eden verließ.

Eine andere Deutung der Lilie bringt sie mit Zeugungskraft und Sinnlichkeit in Zusammenhang. Im alten Ägypten wurde sie Ashtar, der Göttin der Fruchtbarkeit und Schöpfung, zugeordnet.

Bei Hochzeiten und Beerdigungen kann man häufig Lilien sehen. Bei Hochzeiten symbolisieren sie Unschuld und Reinheit. Bei Beerdigungen stellen sie die vom Körper und von der Sünde befreite Seele dar.

Lilien sollen angeblich Geister vertreiben und wurden als Schutz der Bewohner oft um Häuser herum gepflanzt.

Im Osten glaubte man, die Lilie (*Hemerocallis*) vertreibe seelischen Schmerz. Die Frauen trugen diese Blume in ihrem Gürtel, damit sie ihnen helfe, Kummer und Leid zu vergessen.

Löwenzahn

Ein Tee aus Löwenzahnwurzeln kann Schmerzen im Brustkorb lindern. Legt man getrocknete Löwenzahnblüten unter sein Kopfkissen, werden die Träume lebendiger. Manche Leute bevorzugen es, sie in ein spezielles Traumkissen einzunähen. Der Genuss von Löwenzahntee, besonders bei Vollmond, erhöht die übersinnlichen Wahrnehmungsfähigkeiten.

Lotos

Hindus und Buddhisten betrachten die Lotosblüte als Zeichen der Reinheit, da ihre herrlichen Blütenblätter einer Pflanze entspringen, die im Schlamm wächst. Ein tausendblättriger Lotos symbolisiert geistige Erleuchtung. Die Lotosblume hat stets eine sexuelle Bedeutung besessen. Ihre beiden Sanskrit-Namen (*padma* und *kamala*) werden ebenfalls verwendet, um die Vagina zu beschreiben. In China symbolisiert die Lotosblüte die Vagina.

Die alten Ägypter glaubten, die Göttin Isis sei einer Lotosblüte entstiegen und verbanden sie daher mit Fruchtbarkeit und sexueller Potenz. Die Hindus glauben, der Schöpfergott Brahma sei aus einer goldenen Lotosblume im Nabel des Universums geboren. Der Legende zufolge hinterließ er mit jedem Schritt eine Lotosblüte, aber keine Fußspur.

Mohnblume

Opium wurde gewöhnlich aus einer Vielfalt von Mohnblumen aus dem Mittelmeerraum gewonnen. Man verwendete es als Schmerz- und Schlafmittel. Die Griechen assoziierten es mit Hypnos, dem Gott des Schlafs und der Träume. Morphin wird aus Opium hergestellt und nach Morpheus benannt. In der griechischen Mythologie pflückte Persephone nicht Narzissen, sondern Mohnblumen, als Hades sie gewaltsam entführte.

Da die Mohnblume unzählige Samen hervorbringt, betrachtet man sie ebenfalls als Symbol der Fruchtbarkeit.

Seit dem Ersten Weltkrieg gilt der Mohn im Britischen Commonwealth als Blume der Erinnerung.

Am Waffenstillstandstag werden jedes Jahr Tausende von künstlichen Mohnblumen verkauft.

Narzisse

Die Narzisse trägt ihren Namen nach einem schönen griechischen Jüngling, der sich in sein Spielbild verliebte, das er im Wasser erblickte. Entweder ertrank er bei dem Versuch, es zu umarmen, oder verging vor Gram, als er am Ufer des Sees saß. An der Stelle, an der er gesessen hatte, tauchte eine Blume empor, und die Nymphen nannten sie *narcissus*. Der Begriff *Narzisst* beschreibt einen kalten, in sich gekehrten und selbstsüchtigen Menschen. Eine andere Legende berichtet, dass Persephone Narzissen pflückte, als Hades, der Gott der Unterwelt, sie entführte und sie zwang, ihn zu heiraten.

Primel

Eine einzelne Primel zu sehen, bedeutet Unglück. Dreimal um sie herum zu tanzen und dabei mit den Fingern zu schnalzen, verschafft Abhilfe. Ursprünglich bedeutete eine einzelne Primel, dass die Hennen in den darauffolgenden zwölf Monaten weniger Eier legten, doch mit der Zeit sah man darin ein allgemeines Zeichen nahenden Unglücks.

Dreizehn oder mehr Primeln zur selben Zeit zu sehen, verheißt großes Glück, nämlich Glück für die nächsten zwölf Monate.

Legt man ein Primelsträußchen auf die Türschwelle, kommen die Elfen in der Nacht, wenn alle schlafen, und segnen die Hausbewohner.

Ringelblume

Die Ringelblume wurde dem griechischen Sonnengott Apollo zugeordnet. Es heißt, die von Apollo verschmähte Nereide Clythia habe sich in eine Ringelblume verwandelt. Seither wendet diese ihr Antlitz der Sonne zu. (Die gleiche Geschichte erzählt man sich von der Sonnenblume.) Mitunter wurden die Ringelblumensamen als Amulett getragen, um den Träger vor Diebstahl zu schützen. Es gab eine Zeit, da glaubte man, Ehebrecherinnen könnten keine mit Ringelblumen geschmückte Kirche betreten.

Diese Pflanze wurde häufig in Amuletten und zu Hochzeitsdekorationen verwendet. Daher galt sie im Laufe der Zeit als Zeichen der Treue und einer dauerhaften Beziehung.

Rose

Die Rose galt schon immer als Symbol von Schönheit, Liebe und Fruchtbarkeit. Sie war Aphrodite, der griechischen, und Venus, der römischen Liebesgöttin geweiht. Die Römer betrachteten die Rose als Zeichen der Wiedergeburt und pflanzten sie häufig auf ihre Gräber. Für die Anhänger des Zoroaster symbolisierte sie Unschuld. Sie glaubten, ihre Dornen seien gewachsen, nachdem das Böse die Welt heimgesucht hatte. Im Islam wird die Rose mit dem Paradies in Verbindung gebracht.

In der christlichen Tradition symbolisiert die Rose die Reinheit und Schönheit der Jungfrau Maria. Die Dornen kennzeichnen ihre seelischen Schmerzen angesichts der Kreuzigung ihres Sohnes. Rote Rosen dienen als Sinnbild für die Märtyrer, die für ihren christlichen Glauben starben, während weiße Rosen die Reinheit des Herzens versinnbildlichen. Einer alten Legende zufolge besaß die Rose bis zu dem Tage, an dem Adam und Eva den Garten Eden verlassen mussten, keine Dornen. Gott fügte sie hinzu, um den Menschen daran zu erinnern, dass er nicht länger in einer vollkommenen Welt lebte.

Der Ausdruck *sub rosa* („unter der Rose") stammt aus der Römerzeit, als die Rosen, insbesondere die weißen, mit Harpocrates, dem Gott der Schweigsamkeit, verbunden wurden. Alles, was unter der Rose gesagt wurde, musste geheim bleiben. Im Mittelalter fand man oftmals eine geschnitzte oder gemalte Rose an der Zimmerdecke vor. In dem Wissen, dass ihre Worte später nicht wiederholt werden würden, konnten die Leute in solchen Räumen frei reden.

Ein alter Volksglaube besagt, dass ursprünglich alle Rosen weiß gewesen sind. Einige wurden rot, nachdem Blut sie befleckte. Es gibt viele Erzählungen über verschiedene Menschen, deren Blut vergossen wurde. Die alten Griechen dachten, es sei Adonis oder Aphrodite gewesen. Die Christen glauben, dass die Dornenkrone aus den Zweigen der Wildrose bestanden habe, weshalb es sich folglich um das Blut Christi handelte. In einer alten Legende heißt es, dass rund um das Kreuz überall dort rosa Rosen aus dem Boden hervorbrachen, wo das Blut Jesu hin tropfte. Die Muslime glauben, das Blut stammte von Mohammed.

Rosmarin

Der süß duftende Rosmarin symbolisiert wahre Liebe und Gedenken. Man findet ihn bei Hochzeiten ebenso wie bei Beerdigungen. Im 17. Jahrhundert trug die Braut Rosmarin in ihrem Brautkranz, und die Brautjungfern und den Bräutigam schmückten vergoldete Rosmarin-Zweige. Als Glücksbringer für das Paar wurden Rosmarin-Schösslinge beim Hochzeitsempfang in Wein getaucht. Rosmarin wurde im 17. Jahrhundert als Talisman verkauft, um vor der Pest zu schützen. Bis zum frühen 20. Jahrhundert pflegten in Britannien unverheiratete Frauen am Vorabend von Allerheiligen (31. Oktober) ein Sixpencestück und ein Rosmarin-Zweiglein unter ihr Kopfkissen zu legen, damit sie von ihrem zukünftigen Ehemann träumten.

Anne von Cleves trug eine Rosmarin-Krone, als sie König Heinrich VIII. heiratete. Es mag eine gute Wahl gewesen sein, denn es erging ihr besser als den meisten seiner anderen Frauen. Selbst nach ihrer Scheidung sorgte er weiterhin für sie.

Es herrschte der Glaube, Rosmarin schütze vor bösen Geistern, Blitzschlag und Überfällen. Die Pflanze wurde als Liebesamulett verwendet und sollte Erfolg bei allen anderen Bemühungen sichern. Ein Tee aus in Wein zerstoßenem Rosmarin heilte Erkältungskrankheiten und verbesserte das Gedächtnis. Griechische Studenten pflegten sich vor dem Examen Rosmarin ins Haar zu winden, in der Hoffnung, sich auf diese Weise an alles erinnern zu können, was sie gelernt hatten. Sogar in der heutigen Zeit werden manchmal Rosmarin-Kränze auf Kriegsgräber gelegt, damit die Lebenden die Soldatenopfer nicht vergessen.

Taucht im Garten unerwartet eine Rosmarinpflanze auf, bedeutet dies, dass die Frau des Hauses stark und intuitiv veranlagt ist. Ihr Rat sollte stets ernst genommen werden.

Schafgarbe

Wird dem Brautpaar ein Schafgarben-Sträußchen überreicht, verspricht dies Eheglück. Solange du ein Schafgarben-Zweiglein bei dir trägst, vermag niemand einen Bann über dich zu verhängen.

Schlüsselblume

Die Schlüsselblume trägt mitunter die Bezeichnung *Petruskraut,* bezogen auf Petrus, der die Himmelsschlüssel in der Hand hält. Der Grund hierfür liegt darin, dass die Blumen an einen Schlüsselbund erinnern.

Im 17. Jahrhundert stellten die Hausfrauen aus dieser Pflanze Marmelade und Tränke her, um Gedächtnisschwund, Schlaflosigkeit und Nervosität zu heilen. Selbst heute gibt es Menschen, die aus dieser Wildblume Tee und Gelee für eine gute Nachtruhe zubereiten.

Sonnenblume

Die Sonnenblume kam aus Nordamerika nach Europa. Die spanischen Eroberer nannten sie *girasol*, was bedeutet, „sich der Sonne zuwenden". Da die Sonnenblume der Sonne entgegenblickt, assoziierte man sie mit der Anbetung Gottes. Den Inkas, in deren Schnitz- und Schmuckwerk sie immer wieder auftaucht, war sie heilig.

Eine griechische Legende berichtet von einem wunderschönen Mädchen mit Namen Clythia, das sich in den Sonnengott Apollo verliebte. Apollo wurde der Beziehung überdrüssig und verließ sie, um sich einer anderen Jungfrau, mit Namen Leocothoe, zuzuwenden. Clythia erzählte Leocothoes Vater von dem Verhältnis, was dafür sorgte, dass sie Apollo endgültig verlor. Von Kummer und Verzweiflung geplagt, welkte Clythia dahin. Die Götter empfanden Mitleid mit ihr und verwandelten sie in eine Sonnenblume. Auf diese Weise konnte sie auch weiterhin Apollo beobachten, wenn er tagtäglich seine Runde am Himmel drehte.

In China symbolisierte die Sonnenblume Unsterblichkeit. In der Hoffnung auf ein langes und glückliches Leben verzehrten die Menschen ihre Kerne.

Tulpe

Im antiken Persien betrachtete man die Tulpe als Symbol der wahren Liebe und glaubte, dass sie im Paradiesgarten blühe. Da die Wörter *Tulpe* und *Allah* im Türkischen mit denselben Buchstaben geschrieben wurden, galt die Blume als Sinnbild des Göttlichen.

Im 16. Jahrhundert wurde die Tulpe in Europa eingeführt und

erfreute sich besonders in den Niederlanden großer Beliebtheit, wo sie für Schönheit und Reichtum stand. In der heutigen Zeit gilt sie als Wahrzeichen der Niederlande.

Veilchen

Eine alte Sage berichtet vom Tode Attis, der während der Jagd getötet wurde. An jenen Stellen, auf die sein Blut tropfte, wuchsen Veilchen. Die Griechen assoziierten die Pflanze mit Io, einer der zahlreichen Geliebten des Zeus. Die alten Griechen trugen Veilchen bei sich, um Trunkenheit zu verhindern. Dank der christlichen Symbolik wurde das Veilchen allmählich zum Sinnbild für Bescheidenheit und Demut.

Napoleon liebte Veilchen und versuchte, mit ihnen seinen Anhängern Hoffnung zu geben. Als man ihn auf die Insel Elba ins Exil schickte, meinte er, dass ebenso wie das Veilchen in jedem Frühling wiederkommt, auch er zurückkehren werde. Seine Anhänger betrachteten das Veilchen als ihr Symbol und nannten Napoleon liebevoll „Korporal Veilchen". An ihrem Hochzeitstag schenkte Napoleon Josephine einen Strauß Veilchen. An jedem Hochzeitstag überreichte er ihr ein frisches Sträußchen. Nach ihrem Tod schloss er ein Veilchen von ihrem Grab in ein Medaillon ein und trug es bis zu seinem eigenen Tod um den Hals.

Von Veilchen zu träumen, ist ein positives Zeichen, denn es bedeutet, dass sich die Umstände bessern. Eine Veilchenkette schützt vor Betrunkenheit und sorgt dafür, dass man nur die Wahrheit hört.

Wegwarte

Die Wegwarte galt schon immer als Zauberpflanze. Es gab eine Zeit, da glaubte man, dass jeder, der sie in der Hand hält, unsichtbar wird. Es herrschte sogar der Glaube, dass eine am Mittag mit einem goldenen Messer geschnittene und an ein Schloss gehaltene Wegwarte dieses Schloss öffne.

IV

Medizinpflanzen

Oh, große Kräfte sind's, weiß man sie recht zu pflegen,
Die Pflanzen, Kräuter, Stein' in ihrem Innern hegen.
Was nur auf Erden lebt, da ist auch nichts so schlecht,
Das es der Erde nicht besondern Nutzen brächt'.
Die kleine Blume hier beherbergt gift'ge Säfte
In ihrer zarten Hüll', und milde Heilungskräfte.

SHAKESPEARE, ROMEO UND JULIA, 2. AKT, 3. SZENE.

Es gab eine Zeit, in der alle Heilmittel pflanzlicher Herkunft waren. Ursprünglich handelte es sich um Wildpflanzen, die man sammelte. Doch bald entdeckten die Menschen die Vorzüge, diese Pflanzen zu züchten. Überall auf der Welt nutzten die Urvölker pflanzliche Heilmittel. Das Wissen wurde über viele Generationen mündlich weitergegeben. Tiere nutzen instinktiv die heilenden Eigenschaften bestimmter Pflanzen. Hunde und Katzen fressen Gras, wenn sie sich nicht wohl fühlen.

Der Papyrus Ebers kann von sich behaupten, das älteste medizinische Schriftstück der Welt zu sein. Das Schriftstück zählt ungefähr dreitausendfünfhundert Jahre und wurde 1873 von Georg Ebers in Luxor, in Ägypten, entdeckt. Auf der über zwanzig Meter langen Rolle werden die verschiedenen Krankheiten und Unfälle beschrieben, unter denen die damaligen Menschen litten. Dazu gehörten Abzesse, Verbrennungen, Depressionen, Schwangerschaftsbeschwerden, Hautkrankheiten und Schädelfrakturen.

Es gibt sogar ein Mittel gegen den Krokodil-Biss. Es sind etwa achthundert Heilmittel verzeichnet, viele davon pflanzlicher Herkunft, wie Kümmel, Kreuzkümmel, Fenchel, Süßholz und Pfefferminze.

In China gehörte das Süßholz zu den ältesten Medizinpflanzen. Etwa 3000 Jahre v. Chr. schrieb Kaiser Shen Nung das erste chinesische Medizinbuch. Neben Süßholz und einer Vielzahl anderer Pflanzen erwähnte er den Ginseng, den er als die wichtigste Pflanze erachtete. Der Ginseng wird auch im *Atharva Veda*, dem indischen Medizinbuch, angeführt. *The Shen Nung Herbal* (ca. 200 v. Chr.) wurde nach dem Kaiser Shen Nung benannt, aber etwa zweitausendachthundert Jahre später geschrieben. Diese Schrift verzeichnete die Anwendung von dreihundertfünfundsechzig Pflanzen, darunter das Abführmittel *Ricinus communis* bei Asthma.[13]

Die Griechen und Römer der Antike leisteten wertvolle Beiträge zur Medizin. In der im 1. Jahrhundert n. Chr. von Dioscorides verfassten Schrift *De Materia Medica* finden sich genaue Angaben über Anpflanzung, Ernte und medizinische Verwendung von sechshundert Pflanzen. Dieses Buch wurde zum Standardwerk für die nächsten Jahrhunderte. Man übersetzte es in die arabische und persische Sprache, und es inspirierte später zahlreiche islamische Kräuterbücher. Im Westen stützten sich die Kräuterbücher von John Gerard (1545-1612) und Nicholas Culpeper (1616-1654) auf die Pionierarbeit des Dioscorides.

Im Mittelalter entstanden in Europa eine Reihe von Kräutermanualen. Man nannte sie „leechbooks" (leech, obs. Arzt, Anm. d. Übers.), aus dem Angelsächsischen *leace*, was „heilen" bedeutet. Diese Bücher enthielten neben zahlreichen Methoden zur Abwehr von Elfen und anderen üblen Geistern eine umfangreiche Kräu-

---

13 John Mann, Murder, Magic, and Medicine (Oxford, UK: Oxford University Press, 1992), 111.

ter- und Pflanzenkunde. Die berühmteste Schrift *Leechbook of Bald* entstand zwischen 900 und 950 n. Chr. Bald soll ein Freund von König Alfred dem Großen gewesen sein. Dem Buch zufolge wurde Krankheit durch einen „Elfen-Schuss" oder ein „fliegendes Gift" verursacht. Aufgrund dieses starken Glaubens an böse Kräfte wirkten Balds Heilmittel ebenso schützend wie stärkend.

Nach dem Überfall von Wilhelm dem Eroberer erstarkten die Klöster im mittelalterlichen England. Jedes Kloster besaß einen ausgedehnten Kräutergarten. Die Mönche, die ihn instandhielten, waren damit beschäftigt, sich um die Kranken zu kümmern, die ihrer Kunst und ihrer Erfahrung bedurften.

Das *New Herball*, von William Turner, wurde zum Teil zwischen 1551 und 1562 veröffentlicht. In Buchform erschien die Königin Elisabeth I. gewidmete Schrift im Jahre 1568. Der Nonkonformist William Turner hatte für seine Ansichten zwei Jahre lang im Gefängnis gesessen. Außerdem verbrachte er zwei längere Exilperioden in Europa. Dies gab ihm Zeit, Nachforschungen für sein Kräuterbuch zu betreiben und an ihm zu arbeiten. Er setzte dieses Projekt fort, obwohl die allerersten Kopien während der Regentschaft von Königin Maria I. vernichtet wurden. Nach ihrer Abdankung konnte Turner nach England zurückkehren und unter der aufgeklärteren Herrschaft von Königin Elisabeth I. die restlichen Kapitel veröffentlichen. Sein Buch übte einen starken Einfluss aus, und Turner wird bisweilen als „Vater der englischen Botanik" bezeichnet.

Nicholas Culpepers Kräuterbuch wurde 1653 veröffentlicht. Ursprünglich lautete der Titel *The English Physician Enlarged, with 369 Medicines Made of English Herbs.* Die überarbeitete Auflage ist heute noch käuflich zu erwerben. Culpeper war nicht nur Arzt und Astrologe, sondern auch ein produktiver Schriftsteller.

Überall auf der Welt praktizierte man die Kräutermedizin. Die ersten Siedler Amerikas brachten ihr Wissen mit, das durch die

Kenntnisse der Indianer, die eine Vielzahl von neuen Pflanzen hinzufügten, im Laufe der Zeit bereichert wurde.

Viele Naturvölker verwendeten Halluzinogene, um Zugang zur Geisterwelt zu finden. Priester und Schamanen benutzten diese Pflanzen, die sie als ein Geschenk der Götter betrachteten, regelmäßig, um Einblick in die Zukunft zu gewinnen und Krankheiten zu diagnostizieren. Bisweilen setzte man diese Drogen gegen nagenden Hunger ein.

In Afrika und weiten Teilen Asiens wird die Pflanzenmedizin auch in der heutigen Zeit praktiziert. Die Wissenschaft schenkt den Kräutern und der Volksmedizin in zunehmendem Maße ihre Aufmerksamkeit. Die Pharma-Industrie, die Millionen an erfolgreichen Entdeckungen verdient, betreibt den größten Teil der Forschungsarbeit.

Das älteste Arzneimittel stammt wohl aus dem Milchsaft des Opiummohns (*Papaver somniferum*). Morphin und Codein, die beide den Schmerz lindern, werden aus diesem Saft hergestellt.

Bei den leichteren Beschwerden konnte man bestimmte Pflanzen einsetzen. Braunheil (*Prunella vulgaris*) ist, wie der Name schon sagt, ein gutes Beispiel. Eine andere, weit verbreitete Wildpflanze, Beinwell (*Symphytum officinale*), wuchs an Straßenrändern und Hecken. Jeder Pflanzenteil besaß seine eigene Wirkungsweise, weshalb die Pflanze zur Wundheilung, bei Knochenbrüchen oder zur Blutstillung eingesetzt werden konnte. Die Pflanze ist zwar genießbar, doch ich rate von ihrem Verzehr ab, da sie die Leber beeinträchtigt. Beinwell wird auch heute noch als Medizinpflanze genutzt.

Eine Erklärung für den Namen *foxglove* (Fingerhut, *Digitalis purpurea*) mag darin liegen, dass man früher glaubte, verstohlen und schlau wie ein Fuchs zu werden, wenn man die Pflanzenblüten auf die Finger steckte. Eine andere Möglichkeit ergibt sich aus der Überlegung, dass es sich bei dem Wort *foxglove* um eine Zusammenziehung von „little folk´s glove" handelt, da man glaubte, mit Hilfe dieser Pflanze Naturgeister anzuziehen. Außerdem vertrieb der Fingerhut böse Geister und wurde bei Erkältungen und Fieber verabreicht. Im Laufe des 18. Jahrhunderts entdeckten die Mediziner eine das Herz anregende Eigenschaft dieser Pflanze. Heute wird Digitalis, ein Auszug aus dem purpurfarbenen Fingerhut, bei einer Reihe von Herzproblemen eingesetzt. Digitoxin und Digoxin werden aus dem weißen Fingerhut gewonnen. Mit dem Fingerhut sollte man vorsichtig umgehen und ihn niemals innerlich anwenden. Da die Pflanze bei einigen Menschen Hautentzündungen hervorrufen kann, sollte Körperkontakt vermieden werden.

Die Tollkirsche (*Atropa belladonna*) betrachtete man als Zauberpflanze. Obwohl ihre Giftigkeit bekannt war, verwendete man sie als Heilmittel. Heute gewinnt man Atropin daraus.

Die Mistel (*Viscum album*) wurde seit den Tagen der Druiden, bei denen sie neben dem Eisenkraut zu den beiden wichtigsten und heiligsten Pflanzen gehörte, als magisch betrachtet. Man verwendete sie, um Glück anzuziehen, das Heim zu schützen und böse Geister abzuwehren. Sie war allgemein als „alles heilend" bekannt und fand ebenfalls ihren Einsatz, um die Fruchtbarkeit bei Mensch und Tier zu fördern.

Das Eisenkraut (*Verbena officinalis*), die zweite heilige Pflanze der Druiden, sollte Wohlstand anziehen und das Böse abwehren. Es half den Kindern, rascher zu lernen und erfreute sich als Aphrodisiakum großer Beliebtheit.

Die europäische Alraunwurzel (*Mandragora officinarum*) wurde bei nahezu allen magischen Zwecken verwendet, was wohl daran liegt, dass ihre Wurzeln einem Menschen ähneln, was die Leute faszinierte und zugleich erschreckte. Die Pflanze konnte nur während der Nacht geerntet werden. Derjenige, der sie aus der Erde zog, musste sich zum Schutz zuerst mit drei magischen Kreisen umgeben. Die europäische Alraunwurzel ist hochgiftig, und man sollte äußerst vorsichtig mit ihr umgehen. Die amerikanische Alraune (*Podophyllum peltatum*) enthält weniger Gift, muss aber dennoch ebenfalls mit großer Vorsicht gehandhabt werden.

Bei Chinin, dem zurzeit einzigen Malaria-Mittel, handelt es sich um ein in der Rinde des Chinabaumes enthaltenes Alkaloid. Der Baum wächst in den Tropenwäldern Boliviens und Perus. Die Ketschua-Indianer entdeckten es, und die spanischen Eroberer nahmen es im 16. Jahrhundert als „Wundermittel" mit nach Europa.

Vor nicht allzu langer Zeit kaute man auf einem Stück Weidenrinde, um Kopfschmerzen zu vertreiben. Das Aspirin, das man heute gegen Kopfschmerzen einnimmt, stammt aus der Salicylsäure, die die Rinde der weißen Weide (*Salix alba*) liefert.

Das aus dem Eukalyptusbaum (*Eucalyptus globules*) gewonnene Cineol-Öl wird zur Behandlung von Halsentzündung, Bronchitis und Asthma eingesetzt.

Die Indianer bereiteten einen Tee aus der Zaubernuss (*Hamamelis virginiana*), mit dem sie Entzündungen und Wunden wuschen. Heute weiß man, dass es sich bei der Zaubernuss um ein starkes Antiseptikum handelt.

Chinesische Kräuterheilkundige setzten den Frauenhaarbaum (*Ginkgo Biloba*) – nicht den Frauenhaarfarn – jahrtausendelang als Heilmittel bei einer Vielzahl von Beschwerden ein. Heute werden aus den Blättern dieses Baumes Mittel zur Verbesserung der Blutzirkulation, insbesondere im Gehirn, hergestellt.

Insgesamt werden über zweitausend Baumarten zur Herstellung von Arzneimitteln verwendet. Einige, wie die australische Moreton-Bay-Kastanie (*Castano-spermum australe*), die ein Alkaloid produziert, das dazu beiträgt, das HIV zu neutralisieren, stehen an führender Stelle der Forschungsarbeiten.[14]

Nur noch wenige Leute sammeln Wildkräuter für medizinische

---

14 Tony Russell und Catherine Cutler, *The World Encyclopedia of Trees* (London: Lorenz Books, 2003), 42.

Zwecke. Andererseits verwenden sie Pflanzenmittel, da zahlreiche pharmazeutische Hersteller sie herstellen und als Fertigarzneimittel verkaufen. Man hat festgestellt, dass dreißig bis vierzig Prozent aller verschreibungspflichtigen Arzneimittel aus Pflanzen stammen.[15]

Homöopathie

Philippus Aureolus Theophrastus Bombastus von Hohenheim (1493-1541) wurde unter dem Namen Paracelsus bekannt. Dieser Arzt aus der Schweiz war zu seiner Zeit sehr umstritten, da er die Ansicht vertrat, dass eine geringe Menge dessen, was den Menschen krank macht, ihn auch zu heilen vermochte.

Fast dreihundert Jahre später fand der deutsche Arzt Samuel Hahnemann (1793-1541) heraus, dass ein aus der Chinarinde gewonnenes Malaria-Mittel in einem gesunden Patienten Malaria-Symptome hervorrief. Patienten, die Chinin einnahmen, schwitzten ebenso stark wie Malaria-Kranke. Hahnemann entdeckte, dass eine winzige Menge desselben Mittels die Symptome abschwächte. Als er das Experiment bei sich selbst und anderen wiederholte, stellte er zu seiner Überraschung fest, dass das Mittel um so wirksamer wurde, je stärker er es verdünnte. Diese Erkenntnis liegt der heutigen Homöopathie, die auf der uralten griechischen Vorstellung fußt, dass „Gleiches Gleiches heilt", zugrunde. Mit anderen Worten, die Symptome einer Krankheit könnten als körpereigene Abwehr betrachtet werden. Demnach wird die Einnahme einer winzigen Menge eines Mittels, das dieselben Krankheitsymptome hervorruft, den Abwehrmechanismus der Person anregen, gegen die Krankheit anzukämpfen.

Homöopathen stellen die Mittel aus Pflanzen her und verdün-

---

15 Dr. Sarah Brewer, *Encyclopedia of Vitamins, Minerals und Herbal Supplements* (London: Constable and Robinson, 2002), xiv.

nen sie so lange, bis nur noch eine Spur der Originalsubstanz in ihnen enthalten bleibt. Dies bedeutet, dass giftige Pflanzen, wie die Tollkirsche, für medizinische Zwecke verwendet werden können. Aufgrund ihrer hohen Verdünnung wirken homöopathische Mittel auf der Energieebene und helfen dem Körper, Stress abzubauen und die Gesundheit wiederherzustellen.

Bach-Blüten

Der englische Arzt Edward Bach (1886-1936), der die Heilenergie bestimmter Pflanzen und Bäume entdeckte, gehört wohl zu den interessantesten Vertretern der Phytotherapie. In den dreißiger Jahren des 20. Jahrhunderts machte er die ersten Versuche, Heiltinkturen herzustellen, indem er Blumen in Wasser tauchte und dem Sonnenlicht aussetzte. Dadurch wird die Blumenessenz dem Wasser eingeprägt, das man filtriert und anschließend mit Alkohol konserviert. Es hat sich gezeigt, dass diese Essenz das mentale und emotionale Gleichgewicht des Menschen wiederherstellt. Sie kann alleine oder mit anderen Heilverfahren angewendet werden.

Dr. Bach schuf achtunddreißig verschiedene Heilmittel, die alle menschlichen Gefühlsbereiche abdecken. Sein Notfallmittel, das man überall auf der Welt in den heimischen Medizinschränkchen findet, ist wohl das bekannteste.

Blütenessenzen wirken auf den gesamten Menschen und behandeln nicht nur die einzelnen Symptome. Sie helfen ihm, anzunehmen, anzuerkennen, zu vergeben und festsitzende Emotionen zu lösen, damit Heilung stattfinden kann. Sie entkräften und beseitigen negative Gedankenmuster und ersetzen sie durch Harmonie und eine positivere Sichtweise des Lebens.

Dr. Bach wünschte, dass seine Essenzen möglichst frei erhältlich waren. Mindestens vierzig Hersteller überall auf der Welt produzieren und vermarkten sie. Unzählige Menschen gewinnen Freude, Zufriedenheit und Nutzen aus der Eigenherstellung.

Edward Bach wurde im englischen Birmingham geboren. Zunächst hatte der Humanist vor, der Kirche beizutreten, entschied sich dann aber für den Arztberuf. Bald bemerkte er, dass die physische Behandlung seiner Patienten nicht genügte, um sie von ihren Bedrückungen und Ängsten zu befreien. Während seines Bakteriologie-Studiums am University College Hospital in London brach er zusammen. Nach einer Operation gab man ihm noch drei Monate zu leben. Zur Überraschung aller erholte er sich und arbeitete bald wieder.

Als er 1919 am Homeopathic Hospital in London arbeitete, entwickelte Dr. Bach eine Reihe von Vakzinen für Darmprobleme, die heute noch verwendet werden. Sie wurden allgemein bekannt als die *Sieben Bach Nosoden*. Nachdem er ihren Erfolg beobachtet hatte, stellte er fest, dass ähnliche Menschentypen in gleicher Weise auf die verschiedenen Nosoden reagierten. Diese Erkenntnis veranlasste ihn zu der Hypothese, dass sich die Menschheit in eine Reihe von bestimmten Persönlichkeitstypen einteilen ließ, was bedeutete, dass die Patienten behandelt werden konnten, indem man ihren Mentalzustand ebenso überwachte wie ihre körperlichen Beschwerden.

1928 begann Dr. Bach mit drei Pflanzen zu experimentieren: Drüsentragendes Springkraut, weiße Waldrebe und Ulme. Die Ergebnisse waren so vielversprechend, dass er seine Arztpraxis aufgab, um sich auf die Entdeckung von Heilpflanzen zu konzentrieren, die auf unterschiedlichen Mentalebenen wirken.

In den ihm noch verbleibenden acht Lebensjahren brachte Dr. Bach seine Forschungsarbeit über achtunddreißig Essenzen zum Abschluss. In Sotwell, in Oxfordshire, gründete er das *Bach Centre*. Er hinterließ ein bedeutendes Vermächtnis. Seine Essenzen gewähren Menschen, Tieren und Pflanzen emotionale Unterstützung. Häufig werden sie bei physischen Krankheiten eingesetzt, wirken aber ebenso gut bei emotionaler und mentaler Überforderung.

Die Heilmittel

Agrimony (Odermenning): Fröhlichkeit ausstrahlen, während man innerlich leidet. Das Mittel führt zu innerer Ausgeglichenheit.

Aspen (Zitterpappel): Geheime Furcht vor eventuell drohendem Unheil. Das Mittel sorgt für innere Stärke.

Beech (Rotbuche): Intoleranz und Kritik anderen gegenüber. Das Mittel sorgt für mehr Toleranz.

Centaury (Tausendgüldenkraut): Nicht „Nein" sagen können, übertriebene Gutmütigkeit. Das Mittel verhilft zu überzeugtem Eintreten für die eigenen Bedürfnisse.

Cerato (Bleiwurz): Wenig Vertauen in die eigene Meinung, Abhängigkeit von der Meinung anderer. Das Mittel hilft, der inneren Führung zu vertrauen.

Cherry Plum (Kirschpflaume): Schwierigkeit, die eigenen Gedanken zu kontrollieren. Das Mittel ermutigt.

Chestnut Bud (Knospe der Rosskastanie): Fehler wiederholen und nicht aus gemachten Erfahrungen lernen. Das Mittel trägt dazu bei, sich von ständig wiederkehrenden Gedanken zu befreien.

Chicory (Wegwarte): Besitzergreifend und dominierend. Das Mittel hilft, das Gesuchte in sich selbst zu finden.

Clematis (Weiße Waldrebe): Verträumt, unaufmerksam, abwesend und gleichgültig. Das Mittel verhilft zu mehr Aufmerksamkeit und Ordnung.

Crab Apple (Holzapfel): Man fühlt sich unsauber und hasst sich selbst. Das Mittel hilft, das Leben so zu sehen, wie es wirklich ist.

Elm (Ulme): Man glaubt, seiner Aufgabe nicht gewachsen zu sein. Das Mittel fördert Kraft, Mut und Selbstvertrauen.

Gentian (Herbstenzian): Mutlosigkeit. Das Mittel hilft, das Leben aus einer anderen Perspektive zu betrachten.

Gorse (Stechginster): Verzweiflung und innere Ausweglosigkeit. Das Mittel verhilft zu einem Gefühl der Hoffnung und des Optimismus.

Heather (schottisches Heidekraut): Ständig mit sich selbst beschäftigt sein. Das Mittel hilft, aus sich herauszugehen und positiver zu werden.

Holly (Stechpalme): Negativ, eifersüchtig, neidisch und hasserfüllt. Das Mittel führt zu innerer Harmonie und Liebe.

Honeysuckle (Geißblatt): Man lebt in der Vergangenheit. Das Mittel ermöglicht es, in der Gegenwart zu leben und in die Zukunft zu blicken.

Hornbeam (Weißbuche): Die Dinge hinauszögern. Das Mittel regt den Geist und die Motivation an.

Impatiens (Drüsentragendes Springkraut): Reizbar und ungeduldig. Das Mittel sorgt für Geduld und Verständnis.

Larch (Lärche): Mangelndes Selbstvertrauen, Minderwertigkeitsgefühl, Versagensängste. Das Mittel verhilft zu gesundem Selbstwertgefühl und Selbstvertrauen.

Mimulus (Gefleckte Gauklerblume): Schüchternheit, Ängste. Das Mittel verhilft zu Mut und innerer Stärke.

Mustard (Wilder Senf): Traurigkeit, Schwermut und Niedergeschlagenheit. Das Mittel fördert Gefühle der Freude und des Glücksempfindens.

Oak (Eiche): Ständige Selbstüberforderung. Das Mittel sorgt für die erforderliche Kraft, um Belastungen zu meistern.

Olive (Olive): Körperliche Erschöpfung, anhaltende Kraftlosigkeit. Das Mittel hilft, um Kraft und Energie zu gewinnen.

Pine (Schottische Kiefer): Selbstvorwürfe, Schuldgefühle. Das Mittel vertreibt ungesunde Gedankenmuster.

Red Chestnut (rote Kastanie): Übersteigerte Sorge um andere, besonders um Nahestehende. Dieses Mittel hilft, negative Gedanken und Gefühle zu überwinden.

Rockrose (gelbes Sonnenröschen): Angst und Furcht. Das Mittel hilft, eine ruhige, positive Einstellung zu gewinnen und sein Leben in die Hand zu nehmen.

Rock Water (Felsquellwasser): Starre Ansichten, sich Vergnügen versagen. Rock Water ist im Grunde genommen keine Blütenessenz, sondern Quellwasser, das hilft, sich dem Fluss des Lebens überlassen zu können.

Scleranthus (Einjähriger Knäuel): Unsicherheit und Unentschlossenheit. Das Mittel hilft, die Gedanken zu bändigen.

Star of Bethlehem (Doldiger Milchstern): Nicht überwundene seelische und körperliche Traumata. Das Mittel hilft, das Nervensystem ins Gleichgewicht zu bringen.

Sweet Chestnut (Esskastanie): Völlige Niedergeschlagenheit. Das Mittel wirkt tröstend und aufbauend.

Vervain (Eisenkraut): Übereifer und Reizbarkeit. Das Mittel hilft, Gleichmaß zu gewinnen.

Vine (Weinrebe): Dominanz, fehlende Flexibilität, übertriebener Ehrgeiz. Das Mittel hilft, die Bedürfnisse anderer zu verstehen.

Walnut (Walnuss): Phase der Umstellung oder des Neubeginns. Das Mittel schützt vor negativen Kräften.

Water Violet (Sumpfwasserfeder): Distanziertheit, Schwierigkeit, Gefühle zum Ausdruck zu bringen. Das Mittel hilft, Nähe zuzulassen.

White Chestnut (Weiße Kastanie): Unaufhörliches Kreisen unerwünschter Gedanken, Selbstgespräche. Das Mittel hilft, klare Gedanken zu fassen.

Wild Oat (Waldtrespe): Suche nach dem richtigen Lebensweg. Das Mittel hilft, den persönlichen Lebenssinn zu finden.

Wild Rose (Heckenrose): Innere Teilnahmslosigkeit, Resignation, fehlende Strebsamkeit. Das Mittel hilft, Begeisterung und Lebensenergie wiederzugewinnen.

Willow (Gelbe Weide): Verbitterung, Opferhaltung. Das Mittel hilft zu verzeihen und das Leben mit neuer Zuversicht zu betrachten.

Die Notfallmischung (**Rescue Remedy**) wird oft als das neununddreißigste Mittel betrachtet. Es handelt sich um eine Mischung aus fünf Blütenkonzentraten (Cherry Plum, Clematis, Impatiens, Rock Rose und Star of Bethlehem), die bei kleinen und großen Notfällen hilft. Dazu gehören Schock, Ängste, Panik, emotionale Erregungen, Lampenfieber oder bevorstehende Stress-Situationen, wie Prüfungen oder Zahnarzt-Termine.

Aromatherapie

Unter Aromatherapie versteht man die Kunst und Wissenschaft, natürliche Aromaöle zu verwenden, um den Heilungsprozess zu fördern. Bei den ätherischen Ölen handelt es sich um zusammengesetzte Substanzen, die aus Früchten, Blumen, Rinden, Wurzeln oder dem Harz duftender Pflanzen und Bäume gewonnen werden. Ein gutes Beispiel wäre der strenge Zitrusduft, der beim Schälen einer Orange entweicht oder der entspannende Duft frisch gemähten Grases.

Schenkt man einem kranken Freund einen wohlriechenden Blumenstrauß, übt man die einfachste Form der Aromatherapie aus. Rosen eignen sich besonders gut. Ihr zarter Duft sorgt für ein Gefühl der Zufriedenheit und des Wohlbehagens, was den Geist des Patienten belebt.

Die alten Ägypter verstanden sich auf die Aromatherapie. Bei Ausgrabungen fanden Archäologen in völlig vergessenen Gräbern unzählige Krüge mit ätherischen Ölen. Die Ägypter verwendeten die Öle für religiöse und für medizinische Zwecke, zur Einbalsamierung Verstorbener sowie für die eigene Schönheit.

Anfang des 20. Jahrhunderts prägte der französische Chemiker Dr. R. M. Gattefossé (1881-1950) das Wort *Aromatherapie* und schrieb mehrere Bücher über ätherische Öle und ihre Verwendung. Sein Interesse an diesem Thema erwachte, als er sich im Labor die Hand verbrannte und in das am nächsten stehende Gefäß mit Flüssigkeit tauchte, bei der es sich zufällig um Lavendelöl handelte. Er war überrascht, wie schnell der Schmerz nachließ und seine Hand heilte. Er nutzte sein Wissen und seine Geschicklichkeit, um im Ersten Weltkrieg verletzten Soldaten zu helfen.

Obwohl man in den dreißiger und vierziger Jahren fortfuhr, mit der Aromatherapie zu experimentieren, stellte sich der Durchbruch erst in den Fünfzigern ein, als die in Australien geborene französischen Biochemikerin Marguerite Maury (1895-1968) begann, speziell für die Bedürfnisse einzelner Menschen Öle zu mischen. Nahezu alleine führte sie die Aromatherapie wieder ein, ein Thema, das es verdient, eingehender betrachtet zu werden.

Diese ganzheitliche Behandlungsweise wirkt auf den gesamten Körper und zielt nicht nur auf bestimmte Leiden. Das Öl wird entweder durch die Nase inhaliert oder über die Haut absorbiert, gewöhnlich in einem Bad oder im Laufe einer Massage.

In der Aromatherapie kennt man mehr als hundert verschiedene ätherische Öle, aber weniger als die Hälfte werden in den meisten Fällen eingesetzt.

(Schwangere sollten Basilikum, Lorbeer, Beinwell, Zypresse, Fenchel, Geranium, Ysop, Wacholder, Majoran, Myrrhe, Rosmarin, Salbei oder Thymian meiden):

Basilikum

Es gibt über hundert verschiedene Arten dieser Pflanze. Sie stammt aus Indien und kam im 16. Jahrhundert nach Europa. Die Römer schätzten das Basilikum sehr, das sie als Aphrodisiakum betrachteten.

Basilikum hilft bei Bronchitis, Erkältungen und Magenverstimmung. Es wirkt bei Ermüdung, Ängstlichkeit, Sorgen, Depressionen und Schlaflosigkeit.

Basilikum belebt die sexuelle Aktivität. Getrocknetes Basilikum unter das Bett gelegt, vermag die Leidenschaft in einer Beziehung neu zu entfachen.

Beinwell

Der Beinwell eignet sich besonders zur Behandlung von Wunden und Hautproblemen, wie Fußpilz, Ekzemen und Schuppenflechte. Außerdem verwendet man ihn bei Schwangerschaftsstreifen und Menstruationsproblemen.

Benzoe

Benzoe lindert Harnwegsinfektionen, Hauterkrankungen, wie Ekzeme und Schuppenflechte, sowie Atemwegserkrankungen, wie Husten und Erkältungen. Benzoe eignet sich ebenfalls zur

Linderung von Dekubitus, Hautgeschwüren und sogar Frostbeulen.

Bergamotte

Bergamotte ist ein wirksames Antiseptikum, das bei Halsentzündungen und Hautinfektionen hilft. Außerdem verwendet man es bei Magenverstimmungen. Bergamotte findet allgemeine Verwendung in der Kosmetikindustrie und wird vielen Seifen und Parfüms zugesetzt.

Eukalyptus

Der Eukalyptus wirkt als Antiseptikum und gilt allgemein als Heilmittel bei Husten, Erkältungskrankheiten, Influenza, Rheumatismus, Muskelschmerzen und Virusinfektionen. Außerdem verwendet man ihn zur Behandlung von Asthma, Bronchitis und Hautinfektionen.

Fenchel

Der Fenchel wirkt als Diuretikum und kann Koliken, Verstopfung, Verdauungsbeschwerden und Übelkeit beheben. Er sorgt für mehr Energie bei sportlich aktiven Menschen und kräftigt jene, die sich von einer Krankheit erholen. Außerdem verwendet man ihn bei Bindehautentzündung und geschwollenen Augen.

Geranium

Geranium-Öl lässt sich vielfältig einsetzen. Es wirkt unterstützend bei der Überwindung von Müdigkeit und beschleunigt den Erholungsprozess nach einer langwierigen Krankheit. Es hilft bei nervlichen Belastungen und Depressionen. Man verwendet es ebenfalls bei Hautproblemen, wie Fußpilz, Pilzerkrankungen und Entzündungen. Außerdem wirkt es hervorragend als Insektenschutz.

Gewürznelke

Die Gewürznelke wirkt stimulierend, unterstützt die Verdauung und fördert den Appetit. Sie hilft bei Mundinfektionen und lindert Zahnschmerzen. Sie stärkt das Immunsystem und hilft bei körperlicher und geistiger Beanspruchung. Sowohl in China als auch in Japan symbolisiert die Gewürznelke Annehmlichkeit und Gesundheit. In der japanischen Kunst wird sie häufig mit den sieben Gottheiten des Glücks dargestellt.

Jasmin

Jasmin schafft ein Gefühl des Wohlbehagens und vertreibt Ängstlichkeit. Er wird als Aphrodisiakum verwendet und soll sowohl Impotenz als auch Frigidität beheben. Er lindert Augenentzündungen. Jasmintee, eine Mischung aus chinesischem grünen Tee und getrockneten Jasminblättern, wirkt anregend und sorgt für eine positive Lebenseinstellung.

Kamille

Die Kamille ist ein hervorragendes Antiseptikum und wurde zu diesem Zweck bis Ende der vierziger Jahre des vergangenen Jahrhunderts verwendet. In der heutigen Zeit findet sie bei einer Reihe von Beschwerden Verwendung, darunter Allergien, Hautentzündungen, Durchfall, Fieber, Gicht, Heufieber, Kopfschmerzen, Magenverstimmung, Schlaflosigkeit, Neuralgien, Rheuma und Zahnschmerzen. Kamillentee beruhigt die Nerven und wirkt entspannend. Außerdem hebt er die Stimmung und schafft ein Gefühl von Wohlbehagen.

Knoblauch

Der Knoblauch findet bereits seit ägyptischer Zeit Verwendung in der Medizin. Er war Bestandteil von Diäten, um Kraft und Gesundheit zu gewährleisten. Man verwendete ihn zur Behandlung von Kopfschmerzen, Schlaflosigkeit und Infektionen. Griechische und römische Athleten kauten Knoblauch, um ihre Chance auf Erfolg zu erhöhen. Die europäische Volkskunde sprach ihm die Fähigkeit übernatürlichen Schutzes zu, und es gab eine Zeit, in der man ihn zur Abwehr von Werwölfen und Vampiren einsetzte.

Lavendel

Der ungemein vielseitige Lavendel bringt die Emotionen und das Nervensystem ins Gleichgewicht. Er gilt als Heilmittel bei Kopfschmerzen und Migräne. Er wirkt als Antiseptikum bei Hautproblemen und hat sich besonders bei hochgradigen Verbrennungen als ausgesprochen nützlich erwiesen. Außerdem verwendet man ihn bei Akne, Quetschungen, Dermatitis und öliger Haut.

Lorbeer

Lorbeer ist ein beliebtes Küchenkraut, das die Verdauung fördert und den gesamten Organismus stärkt. Es hilft bei Bronchitis, Erkältungen und Influenza. Man verwendet es auch gegen Kahlköpfigkeit.

Die alten Griechen bekränzten ihre Sieger mit Lorbeer und machten ihn so zu einem Symbol des Erfolges.

Majoran

Majoran findet bei einer Vielzahl von Beschwerden Verwendung, wie Ängsten, Arthritis, Asthma, Verstopfung, Schlaflosigkeit, Menstruationsproblemen, Migräne und Rheuma. Außerdem mildert er nervliche Anspannung.

Muskatellersalbei

Muskatellersalbei wirkt besonders bei Stress-Situationen. Er muntert auf und ermöglicht es, positiv zu denken. Er kann ebenfalls eingesetzt werden bei Menstruationsbeschwerden, Bauchkrämpfen und Halsentzündungen.

Myrrhe

Bei den alten Griechen und Ägyptern erfreute sich die Myrrhe eines hohen Ansehens. Man verwendet sie zur Heilung von Akne und Dermatitis. Sie wirkt bei Hautgeschwüren und Infektionen. Außerdem besitzt sie heilende Eigenschaften gegen Bronchitis, Husten, Erkältungen und Influenza.

Neroli

Neroli wird aus den Blüten der Sevilla-Orange gewonnen. Der Name stammt wohl von einer italienischen Prinzessin, die dieses Parfum sehr schätzte. Neroli wirkt gegen Depressionen und Angstzustände, gegen Schock und Stress. Es besitzt beruhigende Wirkung und wird bei Schlaflosigkeit eingesetzt.

Orange

Die Orange nimmt Angstgefühle, hilft gegen Hoffnungslosigkeit und Depressionen. Ihre antiseptische Wirkung eignet sich für die Behandlung von Mundfäule. Sie verjüngt die Haut und trägt dazu bei, jugendliche Vitalität wiederzugewinnen.

Patchouli

Patchouli wird zur Behandlung von Hautschäden, wie Abszessen, Akne, Hautrissen, Kopfschuppen, Dermatitis, Ekzemen und Narben herangezogen. Es bewirkt ein Gefühl innerer Zufriedenheit und des Wohlbefindens. Aus diesem Grunde wird es manchmal zur Behandlung von Angstzuständen und Depressionen verwendet.

Petersilie

Die Petersilie besitzt eine stark wassertreibende Wirkung und wird bei Nieren- und Harnwegsbeschwerden eingesetzt. Sie lindert müde oder entzündete Augen sowie Menstruationsbeschwerden und unterstützt die Verdauung.

Pfefferminze

Die Pfefferminze ist sehr vielseitig und wird als Verdauungshilfe und zur Behandlung von Hautproblemen eingesetzt. Ferner verwendet man sie gegen Erkältungskrankheiten, Blähungen, Kopfschmerzen, Magenverstimmung, Übelkeit und Sonnenbrand.

Pinie

Die Pinie wirkt antiseptisch und wird bei Atemwegsbeschwerden verwendet, wie Bronchitis, Husten, Influenza und Nasennebenhöhlenentzündung. Hinzu kommt ihre Verwendung als Mittel gegen Rheuma und Muskelschmerzen.

Rose

Die Rose wirkt aufmunternd und positiv. Sie liefert ein wirkungsvolles Aphrodisiakum und wird zur Behandlung von Verstopfung, Kopfschmerzen, Menstruations- und Wechseljahr-Beschwerden sowie Kreislaufproblemen angewandt.

Rosmarin

Rosmarin wirkt bei einer Vielzahl von Beschwerden, wie Haarausfall, Asthma, Erkältungen, Kopfschuppen, Durchfall, Kopfschmerzen, Übergewicht und Rheuma. Man kann ein äußerst wirkungsvolles Haarwasser aus Rosmarin herstellen. Im antiken Griechenland trugen die Studenten zur Erhöhung der Konzentration und zur Stärkung des Gedächtnisses Rosmarin bei sich. Darüber hinaus verbanden sie die Pflanze mit Liebe und lang währenden Beziehungen.

Salbei

Der Salbei ist ein natürliches Desodorant. Er beruhigt den Geist und ermöglicht klare Gedankengänge und Vorausplanungen. Salbei wird zur Behandlung von Bronchitis, bakteriellen Infektionen, Erkältungen, Kopfschmerzen, Rheuma und Wasseransammlungen verwendet. Im antiken Griechenland verband man die Pflanze mit Weisheit und Unsterblichkeit. Ihr Name stammt von dem lateinischen Wort *salvus* ab, was „gesund sein" bedeutet. Europäische Kräuterheilkundige betrachteten den Salbei als Heilmittel bei nahezu alle Beschwerden.

Sandelholz

Sandelholz dient als Aphrodisiakum. Es muntert auf und vertreibt Depressionen. Außerdem findet es bei der Behandlung von Bronchitis und Hautproblemen Verwendung.

Teebaum

Er wirkt desinfizierend und keimtötend und wird bei Hautproblemen, wie Akne, Fußpilz, Verbrennungen, Lippenherpes und Warzen, angewendet. Er gehört zu den wenigen ätherischen Ölen, die unverdünnt auf offene Hautstellen getropft werden können. Gynäkologische Probleme sowie Entzündungen von Ohren, Nase und Mund gehören ebenfalls in seinen Therapiebereich.

Thymian

Thymian ist ein ausgezeichnetes Antiseptikum, das bei Husten, Erkältungen und Atemwegsentzündungen Verwendung findet. Er dient zur Linderung von Rückenschmerzen, Rheuma und Ischias. Er wirkt anregend und verscheucht Angstzustände und Depressionen.

Wacholder

Der Wacholder wirkt entwässernd. Er unterstützt die Behandlung von Akne, Husten, Blasenentzündung, Blähungen, Gelenkbeschwerden und Rheumatismus. Außerdem dient er der Geschmacksverfeinerung von Gin.

Weihrauch

Weihrauch fördert die Konzentration und muntert auf. Er wirkt als Expektorans und bringt Erleichterung bei Bronchitis, Husten und Kehlkopfentzündung. Außerdem unterstützt er die Meditation.

Ylang-Ylang

Ylang-Ylang wirkt beruhigend und entspannend. Es wird zur Behandlung von Angstzuständen, Depressionen, Frigidität und Schlaflosigkeit verwendet. Nervösen Menschen verhilft es zu größerer Selbstsicherheit.

Ysop

Ysop trägt zur Regulierung des Blutdrucks bei. Man verwendet ihn bei Atemwegsbeschwerden und Hauterkrankungen. Ein Umschlag mit Ysop lindert Blutergüsse, Schnitt- und andere Wunden.

Zedernholz

Zedernholz wirkt bei der Behandlung von Hautproblemen, wie Akne, Haarausfall, Schuppenflechte, Kopfschuppen, Ekzemen und Hautausschlägen. Außerdem verwendet man es als Diuretikum. Zedernholz wirkt ebenfalls auf den Geist und befreit von anhaltenden Ängsten und Sorgen.

Zimt

Zimt ist ein wirkungsvolles Mittel gegen Übermüdung und Depressionen. Als Stärkungsmittel hilft er bei Husten, Erkältungen, Influenza und Magenschmerzen. Er regt das Verdauungssystem an. Zimt wird als Aphrodisiakum verwendet, und manche Leute behaupten, er könne Impotenz heilen.

Zitrone

Da die Zitrone antiseptisch und adstringierend wirkt, lässt sie sich sehr gut bei Hautproblemen einsetzen. Sie ist ein beliebtes Heilmittel gegen Bronchitis, Erkältungskrankheiten, Husten und Halsentzündungen. Sie unterstützt die Blutdrucksenkung und hat sich bei Fieber und Verdauungsproblemen als ebenso wirksam erwiesen wie bei Schlaflosigkeit.

Zitronengras

Zitronengras hilft bei Fußpilz, Darmentzündung, Blähungen, Kopfschmerzen, Atemwegsbeschwerden und Hauterkrankungen sowie als Unterstützung der Verdauung.

Zypresse

Die Zypresse wird zur Behandlung von Husten, Erkältungen, Hämorrhoiden, Menstruationsproblemen und Krampfadern verwendet. Bei Stress und nervöser Verspannung wirkt sie beruhigend und lindert die Symptome der Wechseljahre.

Aromatherapie als Badezusatz

Ätherische Öle können auf verschiedene Weise eingesetzt werden. Sechs bis acht Tropfen in das Badewasser ergeben ein wunderbar entspannendes Bad. Man kann zwei oder drei verschiedene Öle hineintropfen und mit dem Wasser vermischen, damit sich die Moleküle im gesamten Badewasser verteilen. Kerzenlicht und entspannende Musik verstärken die Wirkung. Genieße den Duft und die Wärme, so lange du möchtest. Tupfe dich nach dem Bad trocken. Auf diese Weise verbleibt ein wenig Öl auf der Haut, die es aufsaugt.

Ich persönlich bevorzuge zwei Tropfen Orangenöl, zwei Tropfen Sandelholz und vier Tropfen Patchouli.

Ein duftendes Bad mit einem lieben Menschen ist eine wunderbare Art, sich von einem anstrengenden Tag zu erholen.

Duftlampe

Duftlampen aus Keramik findet man in fast allen Esoterik- und Geschenkartikel-Läden. In der Regel bestehen sie aus einem Kerzenhalter unterhalb einer flachen Schale. Man füllt die Schale mit Wasser, fügt einige Tropfen eines ätherischen Öls hinzu und entzündet die Kerze. Sobald das Öl verdunstet, wird der Duft aufgenommen, der fast augenblicklich auf Geist und Verstand des Menschen einwirkt. Je nach Öl kann man nahezu jede erwünschte Stimmungslage hervorbringen. Drei Tropfen Myrrhe, drei Tropfen Weihrauch und zwei Tropfen Pinienöl schaffen eine ruhige, spirituelle Atmosphäre, die sich hervorragend für eine stille Meditation oder Kontemplation eignet. Andererseits sorgt eine Mischung aus jeweils drei Tropfen Orangen-, Pfefferminz- und Muskatellersalbei für eine fröhliche gesellschaftliche Atmosphäre.

Massage

Aufgrund ihrer hohen Konzentration sollten ätherische Öle nicht unmittelbar auf die Haut aufgetragen, sondern mit einem neutralen Öl vermischt werden. Solche Neutralöle werden aus Pflanzen, Nüssen oder Samen gewonnen und besitzen ihre eigene Wirkung, die durch Zusatz von ätherischen Ölen gesteigert werden kann. Ich bevorzuge Weizenkeim-, Avocado- und Olivenöl. Meine Frau liebt Jojoba-Öl, das der Haut Feuchtigkeit spendet. Gieße etwa 15 ml Neutralöl in eine kleine Schale und füge insgesamt sieben bis acht Tropfen deiner Lieblingsöle hinzu. Vielleicht werden bei der Massage einer großen Person 30 ml Grundöl benötigt.

Sich gegenseitig zu massieren, wirkt entspannend. Man kann sich auch selbst massieren. Die Aromatherapie bietet zahlreiche Möglichkeiten. Wenn du möchtest, kannst du jeden Tag eine andere Mischung zusammenstellen.

Inhalation

Quälten mich in meiner Kindheit Halsschmerzen, bereitete meine Mutter eine aromatherapeutische Mixtur. Ihre Mischungen enthielten Eukalyptus- und Pfefferminzöl. Ich erinnere mich, dass sie auch Zedernholz mit Eukalyptus mischte, um verschleimte Bronchien zu heilen.

Fülle ein Edelstahlgefäß bis zur Hälfte mit fast kochendem Wasser und rühre einige Tropfen des gewählten Öls oder der Öle hinein. Lege ein Handtuch über den Kopf, schließe die Augen und atme einige Minuten lang über der Schüssel tief ein.

Mit dieser Methode lässt sich ebenfalls Stress, Furcht und Sorge vertreiben. Dazu tropfe man jeweils drei Tropfen Weihrauch und Myrrhe in das heiße Wasser, rühre um, lege ein Handtuch über den Kopf und atme einige Minuten tief ein.

Fußbad

Für ein entspannendes Fußbad füge man fünf bis sechs Tropfen eines ätherischen Öls in warmes oder heißes Wasser, durchmische es sorgfältig und tauche die Füße fünfzehn bis zwanzig Minuten hinein.

Parfüm

Tränke ein Taschentuch oder ein Baumwolltuch mit ätherischem Öl und stecke es ein. Der zarte Duft wird sich auf Körper, Geist und Seele auswirken. Wenn du möchtest, kannst du den Duft auch direkt aus dem Tuch einatmen.

Bach-Blüten und Aromatherapie spielen ebenfalls eine Rolle in der Astrologie. Im nächsten Kapitel werden wir diesen Zusammenhang näher betrachten.

V

Pflanzen und Astrologie

Man hat schon immer Pflanzen mit bestimmten Monaten in Verbindung gebracht.

Die Leute glaubten, es bedeute Glück, wenn sie die mit ihrem Geburtsmonat in Zusammenhang stehende Blüte trugen. Leider haben die Blumen im Laufe der Zeit mehrmals gewechselt, was es unmöglich macht, für den jeweiligen Monat eine einzelne Blume zu benennen. Die beliebtesten sind:

Januar: Schneeglöckchen (Reinheit) oder Nelke (Schutz und Mut)

Februar: Veilchen (Güte und Spiritualität)

März: Gelbe Narzisse (Aufrichtigkeit)

April: Primel (Wiedergeburt und Liebe) oder Gartenwicke (Vielseitigkeit)

Mai: Weiße Lilie (seelische Kraft) oder Maiglöckchen (Optimismus)

Juni: Heckenrose (Liebe und Heilung)

Juli: Nelke (Schutz) oder Rittersporn (Gesundheit und Glück)

August: Weißes Heidekraut (gutes Schicksal)
oder Mohnblume (Erneuerung)

September: Heidekraut-Aster (Glück) oder Aster (Eleganz)

Oktober: Rosmarin (Güte) oder Studentenblume (Glück)

November: Chrysantheme (Verständnis)

Dezember: Efeu (Treue) oder Stechpalme (Stärke,
Spannkraft und Erneuerung)

Es lag nahe, den einzelnen Sternkreiszeichen verschiedene Blumen zuzuordnen. Im 17. Jahrhundert stellte Nicholas Culpeper in seinem Buch *The English Physician, or Herball* eine Verbindung zwischen Astrologie, Krankheiten und Pflanzen her. Die Schrift fand großen Anklang, da sie dem Leser die Entscheidung erleichterte, welche medizinische Pflanze er anwenden sollte.

Die für jedes Zeichen aufgeführte Bach-Blüte wird die positiven Eigenschaften des Zeichens fördern und einige der negativen eliminieren.

Die vorgeschlagenen ätherischen Öle können als Parfüm verwendet werden, um dazu beizutragen, die für eine Person richtigen Menschen anzuziehen. Man verwendet entweder das Öl, das zu dem eigenen Sternzeichen passt, oder das Öl, das sich auf die Person bezieht, die man anzulocken hofft.

Vielleicht empfindest du eine Beziehung zu den Pflanzen, die mit deinem Sternzeichen in Verbindung stehen. Viele Leute pflanzen Blumen und Bäume, die sich auf ihr Sonnenzeichen beziehen, weil sie glauben, dass sie ihr Heim beschützen.

Widder

Geburtsblume: Geißblatt und Gartenwicke

Andere Blumen: Stechginster, Kapuzinerkresse, Pfefferminze und Distel

Bäume: Kastanie, Stechpalme und Weißdorn

Bachblüte: Drüsentragendes Springkraut

Ätherische Öle: Zimt und Rosmarin

Regent: Mars

Glückstag: Dienstag

Element: Feuer

Widder sind impulsiv, enthusiastisch, geistig lebendig und voller neuer Ideen. Sie eignen sich als Anführer. Sie können mitunter jähzornig sein, aber nicht lange grollen.

Die negativen Seiten ihres Potenzials äußern sich in Ungeduld, Egoismus und Rücksichtslosigkeit. Pflanzen, die zur Überwindung dieser Fehler beitragen, sind unter anderen Brombeerstrauch, Heidekraut, Drüsentragendes Springkraut und die Sonnenblume.

Zu den Blumen, die man einem Widder schenkt, gehören Amaryllis, Gänseblümchen, Feigenkaktus, roter Pfeffer, Mohn, rote Rosen, Tigerlilien und Tulpen. Widder lieben große Sträuße, vorzugsweise aus roten Blumen.

Stier

Geburtsblume: Fingerhut, Mohn und Rose

Andere Blumen: Akelei, Gänseblümchen, Primel und Veilchen

Bäume: Mandel, Apfel, Esche, Kirsche, Feige, Birne und Walnuss

Bachblüte: Herbstenzian

Ätherisches Öl: Rose

Regent: Venus

Glückstag: Freitag

Element: Erde

Stiere sind verlässlich, beständig, ausdauernd und stur. Sie sind geduldig, fürsorglich und schätzen die guten Dinge des Lebens. Sie lieben Geld, Qualität, Komfort und Sicherheit.

Die negativen Aspekte ihres Potenzials äußern sich in Apathie und einer gewissen Engstirnigkeit. Zu den Pflanzen, die dazu beitragen, diese Züge zu überwinden, gehören Enzian, Iris und Heckenrose.

Pflanzen und Blumen, die man einem Stier schenkt, sind Aster, Lavendel, Flieder, Lilien (besonders Maiglöckchen und Stargazer Lilien) und Bartnelken. Stiere freuen sich über alle Blumen, die mit Liebe geschenkt werden.

Zwilling

Geburtsblume: Lavendel und Maiglöckchen

Andere Blumen: Iris, Myrte und Löwenmaul

Bäume: Kastanie, Holunder und Hasel

Bachblüte: Bleiwurz

Ätherisches Öl: Zedernholz

Regent: Merkur

Glückstag: Mittwoch

Element: Luft

Zwillinge sind herzlich, sympathisch, charmant und umgänglich. Sie besitzen einen ruhelosen, aber raschen Verstand, den sie gerne in der Unterhaltung spielen lassen. Sie sind immer tätig und unternehmen mehrere Dinge gleichzeitig.

Ihre negativen Aspekte zeigen sich in ihrer unablässigen Sorge und gedanklichen Geschwätzigkeit. Pflanzen, die ihnen helfen, diese Züge zu überwinden, sind Rosskastanie, Winde und Lavendel.

Zu den Pflanzen, die man einem Zwilling schenken kann, gehören Akazie, Kaktus, Chrysantheme, Osterglocke, Frauenhaar, Narzisse, Ranunkel und rote Rosen. Zwillinge lieben Blumen, und jeder Blumenstrauß wird sie begeistern.

Krebs

Geburtsblume: Weiße Rose und Rittersporn

Andere Blumen: Winde, Geranie, Lilie und Wasserlilie

Bäume: Ahorn, Platane und Weide

Bachblüte: Weiße Waldrebe

Ätherisches Öl: Gardenie

Regent: Mond

Glückstag: Montag

Element: Wasser

Der ruhige, empfindsame und emotionale Krebs ist vielseitig und besitzt ein lebhaftes Vorstellungsvermögen. Krebse lieben ihr Heim und ihre Familie über alles und fühlen sich wohl im Kreise ihrer Lieben.

Ihre negativen Seiten zeigen sich in ihrer gefühlsbedingten, starken Sorge um nahestehende Menschen. Pflanzen, die ihnen helfen können, diese zu überwinden, sind Kamille, Zichorie, weiße Waldrebe und Geißblatt.

Blumen und Pflanzen, die man einem Krebs schenken kann, sind unter anderen Kornblume, Rittersporn, Farne, Hortensie, Iris, Lilie, Passionsblume und weiße Rosen. Der Krebs liebt Blumen und wird sich noch nach Jahren an die einzelnen Blumen eines Straußes erinnern, den man ihm geschenkt hat.

Löwe

Geburtsblume:	Ringelblume und Sonnenblume
Andere Blumen:	Schlüsselblume, Forsythie, Heliotrop, Passionsblume und Pfingstrose
Bäume:	Lorbeer, Zitrusgewächse, Eiche, Olivenbaum und Pinie
Bachblüte:	Eisenkraut
Ätherische Öle:	Neroli, Patchouli und Sandelholz
Regent:	Sonne
Glückstag:	Sonntag
Element:	Feuer

Löwen sind großzügig, optimistisch, unabhängig und nach außen gewandt. Sie sind freundlich und erfreuen sich der Dankbarkeit und Anerkennung von seiten anderer. Sie sind sehr umgänglich, wenn sich alles nach ihnen richtet. Sie ärgern sich schnell, lassen den Ärger aber ebenso rasch wieder fahren.

In ihren negativen Aspekten sind sie unflexibel, intolerant, egozentrisch und äußerst anspruchsvoll. Pflanzen, die zur Überwindung dieser Züge beitragen können, sind Borretsch, Löwenzahn, Iris und Eisenkraut.

Zu den Pflanzen und Blumen, die man einem Löwen schenken sollte, gehören Wunderstrauch, Dahlie, Gerbera, Gladiole und

Färberdistel. Löwen lieben große Sträuße mit vorzugsweise großen exotischen Blumen.

Jungfrau

Geburtsblume: Butterblume und Stiefmütterchen

Andere Blumen: Kornblume, weiße Lilie und Rosmarin

Bäume: Holunder, Hasel und alle nusstragenden Bäume

Bachblüte: Tausendgüldenkraut

Ätherische Öle: Orange und Rose

Regent: Merkur

Glückstag: Mittwoch

Element: Erde

Jungfrauen sind bescheiden, rücksichtsvoll, ernsthaft und ordentlich. Sie neigen zu Perfektionismus und sind idealistisch, bleiben aber mit den Füßen auf der Erde. Sie lernen gerne und versuchen sich geistig weiterzubilden.

Die negativen Aspekte zeigen sich in übermäßiger Kritik und Beurteilung. Zu den Pflanzen, die helfen können, diese Züge zu überwinden, gehören Buche, Dill, Jasmin, Brunelle und Zinnie.

Pflanzen und Blumen, die man Jungfrauen schenken sollte, sind Astern, Chrysanthemen, Gänseblümchen, Eukalyptus, blaue Hortensie, Efeu, Johanniskraut und Veilchen. Der ausgesprochen

praktisch veranlagten Jungfrau eine sorgfältig gewählte Topfpflanze zu schenken, wird sie zu schätzen wissen.

Waage

Geburtsblume: Glockenblume und Rose

Andere Blumen: Apfelblüte, Hortensie
und filziges Hornkraut

Bäume: Mandel, Apfel, Immergrün,
Pflaume, Pappel und Walnuss

Bachblüte: Einjähriger Knäuel

Ätherisches Öl: Jasmin

Regent: Venus

Glückstag: Freitag

Element: Luft

Im Zeichen der Waage geborene Menschen sind herzlich, liebenswürdig und sympathisch. Da sie beide Seiten einer Situation sehen und Harmonie lieben, eignen sie sich als Friedensstifter. Die
beiden Waagschalen, das Symbol dieses Sternzeichens, bringt ihr
ständiges Bemühen um Gleichgewicht zum Ausdruck.

Ihre negativen Seiten sind Unentschlossenheit und Gefühlsbe-
tontheit. Zu den Pflanzen, die Abhilfe schaffen können, gehören
Klee, Eukalyptus, Stechpalme und Gartenwicke.

Einer Waage schenkt man Bonsai, Cymbidium, Orchideen,

Fresien, Gardenien, Gladiolen, Miniaturrosen und Tulpen. Die Waage liebt Bouquets aus vielen rosa und weißen Blumen. Wichtig ist, dass man den Strauß stilvoll und galant überreicht.

Skorpion

Geburtsblume:	Geranie und Chrysantheme
Andere Blumen:	Basilikum, purpurfarbenes Heidekraut und Rhododendron
Bäume:	Schlehdorn und Stechpalme
Bachblüte:	Wegwarte
Ätherische Öle:	Kreuzkümmel und Ylang-Ylang
Regent:	Mars
Glückstag:	Dienstag
Element:	Wasser

Skorpione sind schlau, stark gefühlsbetont, verschwiegen und entschlossen. Sie besitzen viel Schwung und Entschlusskraft. Sie können kritisch und skeptisch sein und bringen ihre Meinung unverblümt zum Ausdruck.

Ihre negativen Seiten äußern sich in Misstrauen, Groll und Unversöhnlichkeit. Pflanzen, die Abhilfe schaffen, sind Basilienkraut, Fuchsie, Stechginster, Stechpalme und Geißblatt.

Ein Skorpion freut sich über Pflanzen wie: Fuchsschwanz, Kaktus, Nelke, Chrysantheme, Hibiskus, Lilie, Pfingstrose, Fackellilie und Venusfliegenfalle. Er liebt Sträuße mit roten Blumen, wie Nelken, Chrysanthemen und Rosen.

Schütze

Geburtsblume:	Nelken und Narzissen
Andere Blumen:	Löwenzahn, Salbei, Distel und Goldlack
Bäume:	Esche, Birke, Kastanie, Maulbeerbaum, Eiche und Weinstock
Bachblüte:	Odermennig
Ätherisches Öl:	Gardenie
Regent:	Jupiter
Glückstag:	Donnerstag
Element:	Feuer

Der Schütze ist positiv, enthusiastisch und ehrgeizig. Seine Aufrichtigkeit und Ehrenhaftigkeit lassen ihn die Folgen seiner Äußerungen oft nicht bedenken.

Seine negativen Seiten zeigen sich in Überschwang und unrealistischem Optimismus. Blumen, die helfen könnten, diese zu überwinden, sind unter anderem Odermennig, Borretsch, Salbei und Zinnie.

Ein Schütze freut sich über Pflanzen und Blumen wie: Lauch, Prachtscharte, Nelken, Chrysanthemen, Krokus, purpurfarbene Gladiolen, Fuchsschwanzlilie, lavendelfarbene Rosen und Tulpen. Sie lieben Sträuße aus roten und weißen Blumen.

Steinbock

Geburtsblume: Nelke, Efeu, Stiefmütterchen

Andere Blumen: Fuchsschwanz, Nachtschatten, Gartenraute
und Schneeglöckchen

Bäume: Zypresse, Ulme, Stechpalme, Pinie,
Pappel, Fichte, Weide und Eibe

Bachblüte: Gefleckte Gauklerblume

Ätherisches Öl: Jasmin

Regent: Saturn

Glückstag: Samstag

Element: Erde

Der Steinbock ist praktisch veranlagt, aufmerksam, ausdauernd und geduldig. Er erreicht stets sein Ziel, da er es so lange unbeugsam verfolgt, bis er es erreicht hat.

Seine negativen Seiten sind Verzagtheit, Pessimismus und Sturheit. Pflanzen, die helfen können, diese Züge zu überwinden, sind neben anderen Zitterpappel, Brombeere, Borretsch, Ulme und Eiche.

Ein Steinbock liebt Usambaraveilchen, Glockenblumen, Nelken, Stechpalme, Efeu, Jasmin, Philodendron, Weihnachtsstern und Schneeglöckchen und freut sich über Sträuße aus Glockenblumen, Nelken, Chrysanthemen und Tulpen.

Wassermann

Geburtsblume: Orchidee

Andere Blumen: Fingerhut, Enzian, Veilchen und Schneeglöckchen

Bäume: Alle Obstbäume und die Pinie

Bachblüte: Sumpfwasserfeder

Ätherische Öle: Koriander und Muskatnuss

Regent: Uranus

Glückstag: Samstag

Element: Luft

Der Wassermann ist tolerant, sympathisch, verständnisvoll und menschenfreundlich. Er sorgt sich gewöhnlich mehr um die gesamte Menschheit als um einzelne Personen. Er interessiert sich für ausgefallene und ungewöhnliche Dinge.

Betrachtet man seine negativen Seiten, ist er zurückhaltend, überheblich und herablassend. Pflanzen, die Abhilfe schaffen könnten, sind Kamille, Löwenzahn, Dill, Eisenkraut und Veilchen.

Der Wassermann liebt Arumlilie, Banksie, Vogelknöterich, Gladiole, Iris, Orchidee, Protea und Yucca. Er freut sich über alles, was frisch, andersartig und exotisch ist. Am besten schenkt man ihm ein Bouquet außergewöhnlicher Blumen.

Fische

Geburtsblume:	Wasserlilien und Narzissen
Andere Blumen:	Nelke, Heliotrop, Mohn und Veilchen
Bäume:	Feige und Weide sowie alle Bäume, die nahe am Wasser wachsen
Bachblüte:	Gelbes Sonnenröschen
Ätherische Öle:	Narzisse und Borretsch
Regent:	Neptun
Element:	Wasser

Fische sind freundlich, liebenswürdig und vertrauensvoll. Diesen idealistischen, einfallsreichen und gefühlvollen Menschen fällt es schwer, Entscheidungen zu treffen. Sie sind gewöhnlich adrett und ordentlich.

Ihre negativen Seiten zeigen sich darin, dass sie überempfindlich reagieren, verträumt und weltfremd sind. Pflanzen, die ihnen helfen können, diese Eigenschaften zu überwinden, sind neben anderen Angelikawurzel, weiße Waldrebe, Vergissmeinnicht, Lotos und Ackerwinde.

Fische lieben Osterglocken, Vergissmeinnicht, Gipskraut, Jasmin, Flieder, Madonnenlilien, Narzissen und Rosen. Die empfindsamen und romantischen Fische freuen sich über jeden Blumenstrauß, der mit Liebe geschenkt wird. Blaue und violette Blumen lieben sie besonders.

Die Planeten

Einer der wichtigsten Faktoren im Rahmen der Astrologie bildet die Stellung der Planeten zur Zeit der Geburt. Diese befinden sich in Häusern und Zeichen, die der Astrologe zu deuten versteht, um den Charakter und das Potenzial eines Individuums zu bestimmen. Die Planetenbewegungen innerhalb der Häuser und Zeichen sowie die daraus entstehenden unterschiedlichen Beziehungen zueinander können ebenfalls zur Voraussage zukünftiger Entwicklungen im Leben der Person herangezogen werden.

Der Überlieferung entsprechend, gibt es sieben Planeten. Sonne, Mond, Merkur, Venus, Mars, Jupiter und Saturn. Die heutigen Astrologen rechnen Uranus, Neptun und Pluto dazu, Planeten, von denen die frühen Astrologen keine Kenntnis besaßen.

Sonne

Sternzeichen: Löwe

Farben: Gelb, Orange und Gold

Baum: Eiche

Die Sonne durchläuft innerhalb eines Jahres alle zwölf Sternzeichen. Daher handelt es sich bei denen mit ihr in Verbindung stehenden Pflanzen um einjährige Pflanzen, wie Ringelblume, Zimt, Sassafras und Sonnenblume.

Mond

Sternzeichen: Krebs

Farben: Weiß, Crème und Silber

Baum: Walnuss

Die mit dem Mond in Verbindung gebrachten Pflanzen ähneln ihm in gewisser Weise. Kürbis und Melonen bieten ein gutes Beispiel.

Merkur

Sternzeichen: Zwilling und Jungfrau

Farben: Gelb, Orange und Purpur

Baum: Olivenbaum

Die Verbindung zwischen Merkur und dem Element Luft führt dazu, dass die mit ihm in Beziehung stehenden Pflanzen häufig gespaltene Blätter oder Stiele aufweisen. Anis-Samen, Koriander, Bockshornklee-Samen, Süßholzwurzel und süßer Majoran wären in diesem Zusammenhang zu nennen.

Venus

Sternzeichen: Stier und Waage

Farben: Grün und Rosa

Baum: Immergrün

Die mit dem Planeten der Schönheit in Verbindung stehenden Pflanzen besitzen Früchte und einen angenehmen Duft. Zu den Beispielen gehören Brombeere, Wildkirsche, Herzgespann und Himbeere.

Mars

Sternzeichen: Widder und Skorpion

Farben: Kräftige, leuchtende Rottöne

Baum: Stechpalme

Mars ist der Planet der Aggression, und die mit ihm in Zusammenhang stehenden Pflanzen besitzen Dornen. Zu den Beispielen gehören Berberitze, Hagedorn und Sarsaparille.

Jupiter

Sternzeichen: Schütze und Fische

Farben: Blau und Purpur

Baum: Birke

Die mit Jupiter verbundenen Gewächse sind groß und enthalten etwas, das die Leute oft an das Kreuz Jesu erinnert. Beispiele sind Klee, Feige, Myrrhe, Muskat und Salbei.

Saturn

Sternzeichen: Steinbock und Wassermann

Farben: Schwarz, grau, dunkelbraun

Baum: Eibe

Auf Saturn beziehen sich unter anderem Kamille, Lindenblüten, schwarze Mohnsamen und Distel.

Im nächsten Kapitel werden wir uns einer der ältesten spirituellen Praktiken der Welt, dem Schamanismus, zuwenden.

VI

Schamanismus

Der Schamanismus findet sich überall auf der Welt, von Australien bis Sibirien und von Japan bis Afrika. Unter Schamanen versteht man die Heiler, Priester, Regenmacher und Magier, die sich um die Kranken kümmern, Rituale durchführen und für das geistige Wohl der Gemeinschaft sorgen. Das Wort *Schamane* stammt aus der Tungus-Sprache Sibiriens und bedeutet: „Er, der weiß."

Den Kern des Schamanismus bildet die Überzeugung, dass alle Natur, unbelebt oder belebt, einen Geist besitzt. Das heißt, wenn ein Jäger einen Löwen tötet, muss er in irgendeiner Form auch den Geist des Tieres beschwichtigen. Ähnlich verhält es sich mit dem Geist eines Baumes, der beruhigt werden muss, ehe man diesen fällt.

In den meisten schamanischen Gesellschaften herrscht die Vorstellung von drei Welten, die ein riesiger Baum miteinander verbindet. Diese drei Ebenen sind die Unterwelt, die Alltagswelt, in der wir leben, und die Himmelswelt. Alle drei Bereiche werden von Geistern bewohnt. Die Schamanen können von einer Welt in die andere gleiten, indem sie den Baum visualisieren und ihre Seele diesen emporschweben lassen. Man spricht von *Seelenflug*.

Der Schamane besitzt die Fähigkeit, seine Seele auf eine spirituelle Reise zu schicken, um mit anderen Geistern und den Göttern Zwiesprache zu halten. Manchmal ergeben sich solche Reisen ganz spontan, während es zu anderen Zeiten eine Bewusstseinsveränderung erfordert. Trommeln, Singen und Tanzen gelten als wirkungsvolle Möglichkeiten, den notwendigen Trancezustand zu erreichen. Oft werden auch Rauschmittel verwendet. In Europa wählt man Fliegenpilze oder den Fliegenschwamm, während in Mittelamerika Meskalin bevorzugt wird. Im Amazonas-Gebiet setzt man Ayahusaca ein, und die Schamanen Boliviens und Perus trinken einen aus dem Saft des San Pedro Kaktus zubereiteten Trank. In Hawaii nimmt man Datur, desgleichen in Mexiko, wo außerdem ein aus dem Maguey-Kaktus hergestelltes alkoholisches Getränk zum Einsatz kommt. Alle Teile der Welt besitzen ihre eigenen, das Bewusstsein verändernden Pflanzen.

Die Rentiere Lapplands sind die einzigen Tiere, die sich selbst mit dem Fliegenpilz berauschen. Dies vereinfacht den Lappländern die Arbeit mit ihnen. Die bekannte Geschichte von Santa Claus und seinen Rentieren berichtet wohl von einer schamanischen Reise, zumal das Kostüm des Santa ebenso wie der Fliegenpilz in den Farben Rot und Weiß leuchtet.

Halluzinogene Pflanzen ermöglichen es den Schamanen, andere Welten aufzusuchen und telepathisch mit Geistern und Göttern zu kommunizieren. Nach schamanischer Sichtweise besitzt alles in der Natur einen geistigen Aspekt, mit dem man Zwiesprache halten kann, um Einsicht, Verständnis und Hilfe zu gewinnen. Folglich kommunizieren Schamanen regelmäßig mit Pflanzengeistern, besonders zu Heilzecken.

Der Schamanismus wird auch heute noch in vielen Teilen der Welt praktiziert. Obwohl es in der westlichen Welt wenig Raum für ihn zu geben scheint, spielen einige Aspekte, wie der vertraute Umgang mit der Natur, immer noch eine wesentliche Rolle, um Menschen zu helfen, innere Ruhe zu finden und geistiges Wachstum zu fördern, ungeachtet dessen, wo sie leben.

Pflanzengeister

Die Mestizen Perus glauben, dass jeder Pflanzenspezies ein einzigartiges Lied zu eigen ist. Steht man einer Pflanze sehr nahe und lauscht sorgfältig, kann es geschehen, dass man im Traum oder im Tagtraum diesen Gesang vernimmt. Jedes Lied enthält die Heilenergie derjenigen Pflanze, aus der es emporsteigt. Das Lied zu singen, ermöglicht es der Heilenergie der Pflanze, anderen zu helfen.

Zehntausend Jahre bevor Dr. Edward Bach seine Essenzen entdeckte, verwendeten die Ureinwohner Australiens bereits Pflanzenessenzen. Sie glaubten, dass der heilende Geist der Blume die Tautropfen, die am Morgen auf den Blüten saßen, magisch erfüllte und diese medizinisch genutzt werden konnten.[16]

Raum zur inneren Einkehr

Ich hatte das Glück, zahlreiche heilige und spirituelle Orte überall auf der Welt besuchen zu können. Einige dieser Orte entwickelten über die Jahrhunderte oder Jahrtausende eine erstaunliche Spiritualität und Energie. Die heiligste Stätte, der ich mir bewusst bin, befindet sich in einem Naturschutzgebiet unweit von meinem Zuhause. Dieser geweihte Ort, an dem ich meditiere, Rituale durchführe, entspanne und meine geistigen Energien auflade (Kapitel 13), liegt nur zehn Minuten Fußweg entfernt. Geistig, körperlich und seelisch erfrischt, kehre ich nach jedem Besuch zurück.

Ich bin immer schon gerne gewandert und liebe es, wilde und abgelegene Orte zu erkunden, an denen ich innehalten und einen Baum, eine Blume oder auch nur ein Blatt bewundern kann. Wolkengebilde, den Vogelflug oder emsige Insekten zu beobach-

---

16 Clare G. Harvey und Amanda Cochrane, *The Healing Spirit of Plants* (New York: Sterling, 1999), 24-25.

ten, wirkt belebend auf mich. Als neuzeitlicher Schamanane ist es wichtig, dass ich mir die Zeit nehme, einen Bezug zur Natur herzustellen.

Sich mit der Natur auseinanderzusetzen, bringt noch andere Vorteile. *Mind*, eine britische Organisation für mentale Gesundheit, betrachtet *Ökotherapie* – Wiederherstellung der Gesundheit durch den Aufenthalt in der Natur – als eine wirkungsvolle Methode, um Depressionen zu heilen. Die Universität von Essex führte eine Studie mit Leuten durch, die unter Depressionen litten, um die Vorzüge eines dreißigminütigen Spaziergangs auf dem Lande mit einem halbstündigen Gang durch ein Einkaufszentrum zu vergleichen. Die Ergebnisse waren verblüffend. Einundsiebzig der Teilnehmer fühlten sich nach dem Spaziergang in der freien Natur besser, und neunzig Prozent berichteten, ihre Selbstachtung sei gestiegen. Fünfundvierzig Prozent jener, die durch das Einkaufszentrum gelaufen waren, fühlten sich danach besser, aber zweiundzwanzig Prozent erklärten, sich danach noch bedrückter zu fühlen.[17]

Mache in deiner unmittelbaren Nähe einen stillen Platz ausfindig. Vielleicht gibt einen Bereich in deinem Garten, den du zu diesem Zweck weihst. Vielleicht findest du ihn in einem Naturreservat oder in einem nahegelegenen Park. Selbst wenn du nichts dergleichen in deiner Nähe entdecken kannst, besteht die Möglichkeit, einen solchen Ort in deiner Vorstellung zu schaffen.

Suche deinen geweihten Ort möglichst oft auf, wenn auch nur zur geistigen Gesundung. Bist du sehr beschäftigt oder herrscht schlechtes Wetter, kannst du dich gedanklich dorthin zurückziehen. Du wirst es als äußerst belebend empfinden, deine Augen einen Moment lang zu schließen und dich an diesem Ort zu sehen.

Ich suche meinen heiligen Ort fast täglich auf. Machmal besteht ein gewisser Grund dafür, doch gewöhnlich verfolge ich kein

---

17 Francesca Price, „Natural Progression", New Zealand Listener, vol. 208, no. 3499, June 207 (Auckland, New Zealand: APN Specialist Publications), 36.

bestimmtes Ziel. Ich möchte nur meditieren und mit der Natur Zwiesprache halten. Ich kümmere mich um das Umfeld dieses Ortes. Nehme ich etwas von ihm – eine Blume, eine Feder oder einen Stein –, lasse ich statt dessen etwas zurück oder ich erfülle zum Dank eine kleine Aufgabe.

Reinigung

Die Ureinwohner Amerikas verwenden eine Reihe von Pflanzen zur geistigen Läuterung und um Körper und Geist zu entspannen. Die drei wichtigsten sind Zeder, Salbei und Süßgras.

Zeder

Die Zeder eignet sich hervorragend zur körperlichen und geistigen Heilung. Der bei Verbrennung entstehende Rauch wirkt beruhigend, fördert die geistige Klarheit und hebt das Gemüt.

Salbei

Es gibt fünfhundert verschiedene Salbeiarten. Salbei befreit von Negativität und übt eine positive Wirkung auf Verstand, Körper und Geist aus.

Süßgras

Süßgras sorgt für Kraft, Führung und Unterstützung. Es wird oft zusammengeflochten und verbreitet einen angenehmen süßlichen Duft, wenn man es verbrennt.

Räuchern

Räuchern reinigt nicht nur die Aura, sondern ebenso Gegenstände, Räume, Häuser und geweihte Bereiche. Räucherstäbchen, die man in den meisten Esoterik-Läden kaufen kann, enthalten vielfach Salbei, Zeder und Süßgras. Entzündet man sie, entwickeln sie einen duftenden Rauch, den man Menschen zufächeln oder einen bestimmten Bereich damit parfümieren und reinigen kann. Ich verfolge gerne den Körperumriss der Person, wenn ich sie mit Rauch umgebe.

Obwohl der Schamanismus Jahrtausende alt ist, gilt er auch heute noch. Seine Wirkung macht sich besonders stark bemerkbar, wenn man sich der geistigen Dimension der Natur bewusst werden will. Er verhilft uns außerdem zu der Erkenntnis, dass wir alle miteinander verbunden sind, von der Mutter Erde abstammen und verpflichtet sind, uns um sie zu kümmern. Durch ein solches ganzheitliches Verständnis für das gesamte Universum werden wir Teil einer uralten und zeitlosen Tradition.

Ein Schamane verpflichtet sich, seine Gemeinschaft zu beschützen. In welcher Weise Blumen dabei eine Rolle spielen, werden wir im nächsten Kapitel besprechen.

VII

Blumen zum Schutz

Wenn ich von „geistigem Schutz" spreche, glauben die Leute gewöhnlich, ich beziehe mich auf Methoden, mittels derer der astrale Angriff einer Person auf eine andere abgewehrt werden kann. Die in diesem Kapitel besprochenen Methoden sind dazu in der Lage, aber Situationen dieser Art kommen höchst selten vor und finden sich eher im Märchen als im Alltag.

Glücklicherweise werden nur sehr wenige von uns in dieser Form von anderen angegriffen, aber wir alle leiden unter den Überbelastungen, Anspannungen und Ängsten des täglichen Lebens. Die meisten Menschen können damit eine Weile umgehen, besonders bei guter gesundheitlicher Verfassung, obwohl sie selbst den robustesten Menschen verschleißen.

Manche Menschen sind empfindlicher als andere und anfälliger für derartige Einflüsse. Andererseits gibt jeder zu bestimmten Zeiten solchen Möglichkeiten Raum. Öffnet man anderen sein Herz, wird man angreifbar. Dies bedeutet nicht, sich zum Schutz vor seinen Mitmenschen zu verschließen. Im Gegenteil, man sollte sich immer wieder öffnen, sich dabei aber eines möglichen Angriffs bewusst sein.

Astrale Attacken erfolgen in den meisten Fällen über eines der sieben Chrakas oder Energiezentren, die sich im Ätherkörper beziehungsweise in der Aura befinden. Wenn man sich einem anderen Menschen öffnet, öffnet man sein Herz-Chakra. Übergibt man seine persönliche Macht, freiwillig oder unfreiwillig, einer anderen Person, öffnet man sein Solarplexus-Zentrum, vergleichbar mit einem Elternteil, der dich immer noch überwacht, obwohl du bereits erwachsen bist.

Unter Chakras versteht man sich drehende „Räder" feinster Kräfte, die höhere Energien aufnehmen und dem physischen Körper zugänglich machen. Sie befinden sich innerhalb der Aura entlang des Zentralnervensystems. Im Osten werden sie meistens als Lotosblüte dargestellt, einen von Blütenblättern umgebenen Kreis. Das Wort Chakra stammt aus dem Sanskrit und bedeutet „Rad", da die Chakras als sich drehende Energiewirbel erscheinen. In unserer physischen, mentalen und emotionalen Gesundheit spielen sie ebenso eine wesentliche Rolle wie in unserer geistigen Entwicklung. Es gibt sieben Haupt-Chakras, die entlang der Wirbelsäule liegen, sowie Dutzende kleinere Energiezentren, die sich im gesamten Körper befinden.

Wurzel-Chakra

Farbe: Rot
Wunsch: Körperkontakt

Das Wurzel-Chakra hat seinen Sitz an der Wirbelsäulenbasis. Es erdet uns und gibt uns ein Gefühl von Sicherheit und Wohlbehagen. Es trägt die Verantwortung für die Selbsterhaltung und Körperkraft und steuert unseren Geschmacks- und Geruchssinn. Das Sanskrit-Wort für das Wurzel-Chakra, *muladhara*, bedeutet „Stütze". Dieses Energiezentrum schenkt uns Begeisterungsfähigkeit und Energie.

Milz-Chakra

Farbe: Orange
Wunsch: Respekt und Akzeptanz

Das Milz-Chakra liegt etwa fünf Zentimeter unterhalb des Nabels im Kreuzbein. Es reguliert die Körperflüssigkeiten und kümmert sich besonders um die Sexualenergie. Außerdem befasst es sich mit der Kreativität und dem emotionalen Gleichgewicht. Dieses Chakra erleichtert uns den Bezug zu anderen Menschen und sorgt für Optimismus und Hoffnung.

Sonnen-Chakra

Farbe: Gelb
Wunsch: Verständnis

Das Sonnen-Chakra liegt unmittelbar oberhalb des Nabels, auf der Höhe des Solarplexus. Im Sanskrit wird es *manipura* genannt, was „Juwel des Nabels" bedeutet. Dieses Energiezentrum ist für unsere Emotionen verantwortlich und sorgt für Selbstachtung, Optimismus, Herzlichkeit und Glücksgefühl. Außerdem steht es in Verbindung mit Nahrungsaufnahme und Verdauung, was einen engen Bezug zu unserem körperlichen Wohlbefinden herstellt. Das Sonnen-Chakra bildet eine Kraftquelle für jeden Neubeginn.

Herz-Chakra

Farbe: Grün
Wunsch: Lieben und geliebt zu werden

Das Herz-Chakra befindet sich in der Mitte des Brustkorbes auf Herzhöhe. Es befasst sich mit Liebe, Harmonie, Verständnis, höherem Bewusstsein sowie dem Berührungssinn. Stehen wir mit einem Menschen „in Berührung", empfindet man mit ihm. Dieses Energiezentrum steigert Mitgefühl und Respekt vor sich selbst und anderen. Mit einem ausgeglichenen Herz-Chakra fällt es leicht, Gefühle zum Ausdruck zu bringen.

Kehlkopf-Chakra

Farbe: Blau
Wunsch: Innerer Friede

Das Kehlkopf-Chakra sitzt in Höhe des Kehlkopfes. Es steht in Beziehung zu Kreativität, Kommunikation und Selbstausdruck. Ist es ausgeglichen, stellen sich Zufriedenheit, Seelenruhe und Urvertrauen ein.

Stirn-Chakra

Farbe: Indigo
Wunsch: In Einklang mit dem Universum sein

Das Stirn-Chakra liegt zwischen den Augenbrauen. Im Sanskrit wird es *ajna* genannt, was „Befehl" bedeutet. Dieses Energiezentrum kümmert sich um den Verstand und wirkt in gewissem Sinne als 'Kommandozentrale' für die übrigen Chakras. Das

Verständnis und der Intellekt sowie die übersinnliche Wahrnehmung gehören in seinen Bereich. Es lässt uns den Alltag besser verstehen, indem es uns bewusst werden lässt, dass wir im Grunde genommen geistige Wesen sind, die eine irdische Inkarnation durchlaufen. Dieses Chakra steigert unsere Intuition und befähigt uns, die Gefühle und Gemütsstimmungen anderer Menschen zu spüren.

Kronen-Chakra

Farbe: Violett
Wunsch: Universelles Verständnis

Das Kronen-Chakra sitzt in der Scheitelmitte und gilt als das stärkste Energiezentrum des Körpers. Künstler stellen es manchmal als Heiligenschein dar. Die Mönchstonsur diente anfänglich dazu, diesen Bereich zu entblößen. Im Sanskrit heißt es *sahasrara*, was „tausend" bedeutet. Das Symbol des Kronen-Chakras ist der tausendblättrige Lotos.

Durch dieses Energiezentrum lernen wir die gegenseitige Verbindung aller Lebewesen zu verstehen. Es bringt die inneren und äußeren Aspekte unserer Natur in Einklang und verbindet uns mit der universalen Lebenskraft. Befinden sich alle Energiezentren im Gleichgewicht, schenkt das Kronen-Chakra Weisheit und Erleuchtung.

Geistiger Schutz mit Blumen

Übermannen dich Stress, Sorgen, Ängste oder Übermüdung, schließe deine Augen und stelle dir eine Rose vor. Die Rose ist das universelle Symbol der Liebe. Sie zu visualisieren, erlaubt es deiner Aura, jede negative Energie sofort abzublocken.

Einer meiner Klienten ist Anfang fünfzig. Ich kenne diesen Mann bereits seit dreißig Jahren. Jahrelang habe ich mich immer energetisch völlig ausgelaugt gefühlt, nachdem er gegangen war. Menschen, die eine solche Wirkung auf andere ausüben, nennt man „geistige Vampire". Sie gewinnen ihre Energie, indem sie diese wirkungsvoll von anderen stehlen. Gewöhnlich geschieht dies unbewusst, aber mir sind einige Leute begegnet, die absichtlich fremde Energie raubten. Die meisten Menschen erleben ein oder zwei solche Vampire in ihrem Leben.

Eines Tages erzählte ich einem Freund von den negativen Gefühlen und der ungewöhnlichen Müdigkeit, die ich jedesmal empfand, wenn jener Mann mich aufgesucht hatte. Er gab mir den Rat, das nächste Mal zwischen mir und dem Klienten eine wunderschöne Rose zu visualisieren. Zunächst war ich skeptisch, musste aber feststellen, dass es sich dabei um ein ausgesprochen einfaches und wirksames Mittel handelte.

Heute sehe ich vor meinem geistigen Auge eine Rose, wenn ich mich in der Gegenwart eines solchen Vampirs oder eines negativ denkenden Menschen befinde und fühle mich augenblicklich beschützt und sicher. Ihre Negativität erreicht mich nicht.

Ich habe auch mit anderen Blumen experimentiert, die ebenfalls zu wirken scheinen. Doch die Rose besitzt die stärkste Kraft.

Ein Rosenstrauß in meinem Büro, den ich betrachte, wenn ich negative Schwingungen spüre, verfehlt seine Wirkung auch nicht. Doch eine gedachte Rose besitzt ebenfalls dieselbe Kraft, und im Gegensatz zu einem Strauß kann man sie überall hin mitnehmen.

Zehn Schritte zum geistigen Schutz

Eine gedachte Rose vermag einen unerwarteten geistigen Angriff äußerst wirkungsvoll abzuwehren. Zusätzlich kannst du deine Aura mit einer kurzen täglichen Übung stärken, die dich vor den Belastungen des Alltags schützt. Am besten führt man sie früh am Tag aus, vielleicht sogar schon vor dem Aufstehen.

1. Nimm dir jeden Tag zehn Minuten Zeit zur Kontemplation.

2. Setze dich in einen gemütlichen Sessel und mache es dir möglichst bequem. Schließe die Augen. Atme einige Male tief durch und entspanne Körper und Geist. Entspanne bewusst die Fußmuskulatur und konzentriere dich auf deine Füße. Entspanne schrittweise den gesamten Körper bis hinauf zum Kopf.

3. Erblicke dich in einem wunderschönen Garten. Du genießt den herrlichen Frühsommertag. Es ist angenehm warm, und es weht eine leichte Brise. Im Garten wachsen die wundervollsten Blumen. Wandere in Gedanken umher und halte hin und wieder inne, um bestimmte Blumen zu betrachten, zu berühren und ihren Duft einzuatmen.

4. Durchstreife den Garten, so lange du möchtest. Du hast Zeit, viel Zeit. Du bist alleine in diesem Garten. Bevor du ihn verlässt, darfst du dir eine einzige Blume nehmen.

5. Wandere umher und halte nach der Blume Ausschau, die dich am meisten anspricht. Vielleicht findest du sie auf Anhieb, vielleicht musst du zwischen einigen Möglichkeiten wählen.

6. Hast du deine Blume gefunden, frage sie, ob du sie pflücken und mitnehmen darfst. Spürst du ihre Zustimmung, danke ihr und pflücke sie.

7. Dann siehst du dich den Garten mit der Blume verlassen und einen normalen Tagesablauf absolvieren. Achte auf die feinen Veränderungen in deinem Tun. Fühle die innere Ruhe, gleichgültig, was in der Alltagswelt geschieht.

8. Atme langsam und tief ein. Zähle in Gedanken bis fünf und öffne die Augen. Stehe nicht sofort auf. Sinne einige Minuten über deine geführte Visualisation nach.

9. Erhebe dich und nimm deinen Alltag wieder auf. Stelle dir vor, die von dir gewählte Blume begleitet dich durch den Tag.

10. Wenn du dich am Abend schlafen legst, denke über den Tag nach. Frage dich, in welcher Weise, falls überhaupt, die gedachte Blume ihn beeinflusst hat. Gleite in den Schlaf, in dem Wissen, dass du morgen erneut den Garten besuchen und eine andere Blume wählen darfst. Wenn du möchtest, kannst du natürlich immer wieder dieselbe wählen.

Diese Meditation hat sich als besonders hilfreich erwiesen. Ich wähle gerne unterschiedliche Blumen und beobachte, wie sie sich auf meinen Alltag auswirken. Manchmal entscheide ich mich tagelang für dieselbe Blume. Dies kann daran liegen, dass die Energien zu fein sind, um sie an einem Tag aufnehmen zu können. Ebenso häufig kommt es vor, dass es sich um solch tiefgreifende Energien handelt, dass ich sie immer wieder erleben möchte.

Jedesmal, wenn du diese Meditation ausübst, stärkst du deine Aura, was dich in zunehmendem Maße vor geistigen Attacken wappnet.

Das häusliche Umfeld beschützen

Rosenwasser eignet sich als wirksames Mittel, um dich selbst und dein Heim zu schützen. Obwohl man es in vielen Apotheken kaufen kann, ziehe ich es vor, das Wasser selbst herzustellen. Dazu gibt es zwei Möglichkeiten.

Erste Methode

Übergieße in einer Tasse einen Teelöffel Rosenblätter mit kochendem Wasser. Lasse sie fünfzehn Minuten ziehen. Füge eine viertel Tasse voll Alkohol hinzu und rühre die Mischung dreißig Sekunden lang. Lasse sie vor der Anwendung abkühlen. Ich nehme gewöhnlich Wodka, da er sich ausgezeichnet als Konservierungsmittel eignet.

Zweite Methode

Stelle eine Mischung aus fünfundsiebzig Prozent Wasser und fünfundzwanzig Prozent Alkohol her. Füge einige Tropfen Rosenöl hinzu. Rühre um und rieche den Duft. Liebst du ihn stärker, füge noch einige Tropfen des Öls hinzu. Es ist wichtig, echtes und nicht synthetisches Rosenöl zu verwenden.

Anwendung

Blicke nach Süden und segne dein Rosenwasser. Süden ist die Himmelsrichtung des Erzengels Michael, der Mut und Kraft verleiht. Tauche einen Finger in das Rosenwasser und betupfe jedes einzelne Chakra.

Bestreiche anschließend die Fenster- und Türrahmen deines Hauses. Ich umrunde gerne im Uhrzeigersinn mein Haus, ebenso gehe ich mit den Rahmen vor. Die Richtung bleibt jedem selbst überlassen.

Eine Bekannte füllt ihr Rosenwasser in eine Sprühflasche. Auf diese Weise kann sie jeden Bereich schnell und einfach einsprühen. Sie verwendet das Wasser innen und außen, um sich selbst zu schützen. Außerdem besprüht sie des öfteren Bereiche, in denen sich anscheinend negative Energien angesammelt haben.

Bach-Blüten zum Schutz

Bachblüten können ebenfalls als Schutzmittel eingesetzt werden. Centaury, Cherry Plum, Gentian, Gorse, Larch, Red Chestnut, Rockrose, Scleranthus, Sweet Chestnut und Wild Oat sind alle zu diesem Zweck geeignet. Dr. Bachs Rescue Remedy (Rockrose, Star of Bethlehem, Impatiens, Cherry Plum und Clematis) eignet sich außerordentlich gut zum persönlichen Schutz.

Dazu nehme man dreimal täglich drei Tropfen des gewählten Mittels unter die Zunge. Wenn erforderlich, kann man die Tropfenzahl erhöhen, aber dreimal täglich drei Tropfen reichen für fast alle Eventualitäten.

Unsere Vorfahren verwendeten Blumen zu vielen Zwecken. Einer ihrer faszinierendsten Aspekte erfreute sich im 19. Jahrhundert großer Beliebtheit – die Sprache der Blumen, die wir im nächsten Kapitel besprechen wollen.

VIII

Die Blumensprache

Blumen haben stets eine verborgene Bedeutung besessen. Es gibt Beweise, dass die Chinesen sich schon vor fünftausend Jahren der Blumensprache bedienten.[18] Die alten Ägypter benutzten sie ebenfalls, indem sie die Lotosblüte mit Schönheit und Göttlichkeit und die Iris mit Macht in Verbindung brachten. Die Griechen besaßen zahlreiche positiv wirkende Blumen, aus denen sie Girlanden und Kränze flochten, um ihre Helden zu krönen. Während der Kreuzzüge schufen die Soldatenfrauen Stickereien, in denen unter anderem Borretsch, als Zeichen des Mutes, zu finden war.

William Shakespeare kannte sich ebenso wie seine Zuhörer in der Bedeutung der Blumen sehr gut aus. In seinem *Hamlet* (1601) lässt er Ophelia sprechen:

Hier ist Rosmarin für die Erinnerung;
ich bitte dich, Liebster, erinnere dich.
Und hier sind Stiefmütterchen, für die Gedanken.
Hier ist Fenchel für dich (Schmeichelei) und Akelei (Torheit).
Hier ist Raute für dich (Reue); und hier ist etwas für mich.
Wir mögen es sonntägliches Gnadenkraut nennen. O, du
Musst deine Raute anders tragen.
Hier ist ein Gänseblümchen (Arglosigkeit).

---

18 Olive Dunn, *Delights of Floral Language* (Auckland, New Zealand: Random House New Zealand, 1993) 8.

Ich wollte dir einige Veilchen geben
(blaue Veilchen – Treue, weiße Veilchen – Unschuld),
aber sie welkten dahin, als mein Vater starb.

HAMLET, 4. AKT, 4. SZENE

In *Ein Wintermärchen* (1610-1611) lässt Shakespeare Perdita einigen Besuchern eine Auswahl von Winterkräutern anbieten:

Ehrwürdige Herren,
Hier sind Rosmarin und Raute für sie; sie bewahren
Aussehen und Geschmack den ganzen Winter über:
Dank und Gedenken, euch beiden,
Und willkommen zu unserer Schafschur!

(4. AKT, 4. SZENE)

Ihre Besucher äußern sich zu ihrer Wahl, die sie als charmanten
Hinweis auf ihr reifes Alter verstehen. Perdita entgegnet, dass es
Mittsommer ist und ihre bevorzugten Frühlingsblumen verwelkt
sind. Die einzigen Blumen sind „unsere Nelken und gestreiften
Landnelken, die von einigen die Hybriden der Natur genannt wer-
den". Dann bietet sie einen geeigneteren Strauß an:

Hier sind Blumen für euch;
Lavendel, Minze, Bohnenkraut, Majoran;
Die Ringelblume, die mit der Sonne schlafen geht
Und sich weinend mit ihr erhebt; dies sind Blumen
Des Mittsommers, und ich denke, sie werden Männern
Mittleren Alters überreicht. Ihr seid höchst willkommen!

(4.AKT, 4. SZENE)

Shakespeare erwähnte in seinen Werken viele Blumen. Seine Lieblingsblume schien die Rose zu sein, denn er erwähnte sie mindestens sechzig Mal.

Die englische Dichterin und frühe Feministin Lady Mary Wortley Montagu (1689-1762) führte die Blumensprache im Westen ein. Sie war mit dem britischen Gesandten von Konstantinopel verheiratet. Während ihres Türkei-Aufenthaltes begeisterte sie sich für den *selam* oder die Sprache der Dinge. Diese geheime Symbolsprache bediente sich verschiedener Gegenstände, hauptsächlich Blumen, um verschlüsselte Botschaften zu überbringen, die nur der Empfänger verstehen konnte. So bedeutete eine Iris *Nein* und eine Traubenhyazinthe *Ja*.

Diese Geheimsprache erfreute sich in Frankreich großer Beliebtheit, möglicherweise weil sowohl Marie Antoinette als auch Josephine Blumen liebten. Das erste Buch zu diesem Thema, *Sur le Langage des Fleurs* von Joseph Hammer-Purgstall, wurde 1809 veröffentlicht. Das bedeutendste Buch, *Le Langage des Fleurs* von Madame Charlotte de la Tour, erschien 1819 und wurde sofort zum Bestseller und in die meisten europäischen Sprachen übersetzt. Es bildete die Grundlage für Dutzende nachfolgender Bücher. Das erste britische Buch über dieses Thema verfasste Elisabeth Kent unter dem Titel *Flora Domestica* oder *The Portable Flower-Garden*. Es erschien 1823. Neun Jahre später, im Jahre 1832, erschien das erste amerikanische Buch, *Flora's Dictionary*, das Elisabeth Washington Gamble Wirt (1784-1857) schrieb. Zwischen 1800 und 1937 verfassten siebenundfünfzig Autoren achtundneunzig Bücher über die Blumensprache.[19]

Die unglaubliche Beliebtheit der Blumensprache mag heute seltsam anmuten, doch im 19. Jahrhundert gehörte es zum guten Ton, Blumen zu überreichen und zu empfangen. Männer schenkten sie ihrer Liebsten, und Frauen gaben sie Freundinnen und Kindern.

---

19 Olive Dunn, a. a. O. , S. 8

Ein Mann, dem es schwerfiel, einen Liebesbrief zu schreiben oder ein Liebesgedicht zu verfassen, konnte einen Blumenstrauß zusammenstellen und damit seine Gefühle zum Ausdruck bringen. Man musste jedoch sorgsam vorgehen, um nicht irrtümlicherweise eine falsche Botschaft zu übermitteln. So gab es mindestens dreißig verschiedene Bedeutungen für die Rose. Hinzu kam, dass der Empfänger die Blumen erkennen musste. Dies war nicht immer einfach, da es bisweilen unterschiedliche Namen für ein und dieselbe Blume gab. Eine Möglichkeit, eventuelle Schwierigkeiten zu vermeiden, bestand darin, eine Liste der Blumen und ihrer jeweiligen Bedeutung beizulegen.

Mitunter widersprachen sich die Angaben in den einzelnen Büchern. Die folgende Aufstellung gibt die gebräuchlichsten Bedeutungen an.

Ackerwinde: Trennung. „Ich werde dich schrecklich vermissen."
Adlerfarn: Verzauberung. „Du faszinierst mich."
Akazie (weiß): Reine Liebe, Freundschaft. „Ich bete dich an."
Akelei, purpurfarben: Vorsatz, Standhaftigkeit. „Ich werde dich niemals aufgeben."
Akelei, weiß: Torheit. „Du bist töricht, mich weiter zu verfolgen."
Alpenveilchen: Gleichgültigkeit. „Ich empfinde nichts für dich."
Amaryllis: Schönheit, Stolz, Hochmut. „Du bist unnahbar."
Anemone: Wahrheit, Aufrichtigkeit. „Ich vertraue dir voll und ganz."
Apfelblüte: Schönheit, Güte und Versuchung. „Du kannst mich führen, wohin du willst."
Aronstab: Inneres Bemühen. „Unsere Liebe wird weiterhin wachsen."
Aster: Nachträgliche Entschuldigung. „Ich bedaure meine impulsive Art."
Azalee: Glück, Liebe und Romanze. „Du hast mein Herz gefangengenommen."

Bartnelke: Liebäugeln. „Wir wollen bald ein wenig Zeit miteinander verbringen."

Begonie: Noch unentdeckte Liebe, Warnung. „Man beobachtet uns."

Bergamotte: Anziehung. „Du bist unwiderstehlich."

Borretsch: Ablehnung. „Deine Aufmerksamkeiten sind unerwünscht."

Brombeere: Stolz. „Dein Hochmut passt nicht zu dir."

Brunnenkresse: Geschicklichkeit. „Ich liebe dich so, wie du bist."

Buchsbaum: Gleichmut. „Weder Kälte, noch Hitze, Schatten oder Sonnenlicht oder irgendetwas anderes können meine Liebe ändern."

Butterblume: Ausstrahlung und Heiterkeit. (Manchmal wird die Butterblume gewählt, um jemanden liebevoll zu hänseln.) „Deine goldene Schönheit verwirrt mich."

Chrysantheme, bronzefarben: Freundschaft. „Ich schätze unsere Freundschaft, aber ich liebe dich nicht."

Chrysantheme, rot: Gegenseitige Liebe. „Ich liebe dich."

Chrysantheme, gelb: Betrogene Liebe. „Mein Herz gehört jemand anderem."

Chrysantheme, weiß: Wahrheit und Ehrlichkeit. „Ich glaube an dich."

Dahlie, rot: Schroffe Abweisung. „Unsere Wege werden sich nicht mehr kreuzen."

Dahlie, weiß: Entlassung. „Auf Wiedersehen."

Dahlie, gelb: Abneigung. „Du gefällst mir nicht."

Digitalis: Verzögerung. „Ich komme so schnell wie möglich zu dir."

Efeu: Anhänglichkeit. „Du gehörst zu mir."

Eibe: Tränen. „Meine Tränen werden versiegen, wenn ich wieder in deinen Armen liege."

Engelwurz: Inspiration. „Meine Liebe für dich ist die alleinige Inspiration, derer ich bedarf."

Enzian: Traurigkeit. „Wie konntest du mich so behandeln?"

Farn: Häusliches Glück. „Mein Zuhause ist dein Zuhause."

Fingerhut: Unaufrichtigkeit, Seichtheit. „Ich zweifle an deiner Liebe."

Fingerkraut: Geliebtes Kind. „Meine Liebe zu dir ist schlicht und rein."

Flieder, violett: Erste Liebe. „Ich habe niemals jemanden anderen geliebt."

Flieder, weiß: Unschuld. „Ich liebe deine Jugend, deine Schönheit und Reinheit."

Forsythie: Erwartung. „Ich erwarte deine Rückkehr."

Frauenhaar: Verschwiegenheit. „Du kannst dich auf mein Ehrenwort verlassen."

Fuchsie: Warnung. „Sei vorsichtig. Deine Liebe ist trügerisch."

Gardenie: Liebenswürdigkeit. „Du bist so vollkommen wie diese Blume."

Gänseblümchen: Unschuld, Aufschub. „Ich werde es dich in ein, zwei Tagen wissen lassen."

Geißblatt: Gelobte Treue. „Dies ist nur ein kleines Zeichen meiner Liebe."

Geranie, rosa: Zweifel. „Erkläre dich freundlicherweise."

Geranie, dunkelrot: Falschheit. „Ich traue dir nicht."

Geranie, weiß: Unschlüssigkeit. „Ich habe mich noch nicht entschieden."

Ginster: Inbrunst. „Das Gelb dieser Blumen beweist die Kraft meiner Liebe."

Gladiole: Schmerz. „Du hast mich bis ins Mark getroffen."

Glockenblume: Dankbarkeit. „Ich schätze alles an dir."

Goldregen: Vernachlässigung. „Warum ignorierst du mich."

Hagedorn: Hoffnung. „Trotz deiner Bemerkungen werde ich mich weiterhin bemühen, deine Liebe zu verdienen."

Heidekraut: Einsamkeit. Schutz. „Ich kann deine Rückkehr kaum erwarten."

Heliotrop: Hingabe. „Du bist die Sonne meines Lebens."

Hibiskus: Zarte Schönheit. „Du bist Vollkommenheit."

Himbeere: Gewissensbisse. „Bitte, verzeihe mir."

Himmelsschlüssel: Beginnende Liebe. „Meine Liebe zu dir wächst von Tag zu Tag."

Hyazinthe, blau: Hingabe. „Ich bin dein bescheidener und ergebener Diener."

Hyazinthe, weiß: Bewunderung. „Ich bewundere und respektiere dich."

Hortensie: Wankelmut, Herzlosigkeit. „Warum bist du nicht beständig?"

Immergrün, blau: Frühe Freundschaft. „Ich schätze den Tag, an dem wir uns begegnet sind."

Iris: Leidenschaft. „Ich bete dich an."

Jasmin: Beredsamkeit. „Ich liebe dein Herz, deinen Verstand und deine Seele."

Jonquille: Werbung. „Habe ich irgendeine Chance bei dir?"

Kamelie: Reiz. „Wie schön du heute aussiehst."

Kamille: Seelische Kraft und Beharrlichkeit. „Ich bewundere deinen Mut und deine Charakterstärke."

Kirschblüte: Wachstum. „Auf die Entwicklung unserer Freundschaft."

Klee, vierblättrig: Bewunderung. „Sei mein!"

Klee, dreiblättrig: Die Dreieinigkeit. „Gott ist uns gewogen."

Klee, weiß: Versprechen. „Ich will dir treu sein."

Klematis: Wertschätzung eines guten Intellekts. „Ich bewundere deinen hervorragenden Verstand."

Koriander: Verborgene Tiefen: „Beurteile mich nicht nach Äußerlichkeiten."

Kornblume: Zartheit. „Du bist anmutig und zierlich."

Krokus: Zärtlichkeit. „Ich liebe es, an dich zu denken."

Lavendel: Misstrauen. „Ich bin mir nicht sicher, ob ich dir glaube."

Lilie, weiß: Reinheit und Bescheidenheit. „Darf ich deine Hand küssen?"

Löwenmaul: Zurückweisung. „Du bedeutest mir nichts."

Löwenzahn: Sinnlosigkeit. „Du bist zu anmaßend, um es ernst zu nehmen."

Lotosblume: Entfremdung. „Können wir nicht wieder zusammenkommen?"

Lorbeer: Unwandelbare Zuneigung. „Nur der Tod könnte mich verändern."

Lorbeer: Ehre. „Ich bin so stolz auf dich."

Lupinie. Kühnheit. „Je mehr Eile, desto weniger Geschwindigkeit."

Magnolie: Seelische Kraft. „Ich werde auf dich warten."

Maiglöckchen: Rückkehr des Glücks. „Ich verehre dich."

Majoran: Einfachheit. „Deine Direktheit lässt mich erröten."

Mauerblümchen: Treue und Beständigkeit. „Ich werde dir immer treu sein, meine Liebe."

Maulbeere: Klugheit. „Einen Schritt nach dem anderen, meine Liebe."

Milchstern: Einklang. „Unsere Liebe wird Tag für Tag blühen und wachsen."

Mimose: Sensitivität. „Du bist zu vorschnell."

Mistel: Küsse. „Ich sende dir tausend Küsse."

Mohn: Trost. „Bitte akzeptiere mein tiefstes Beileid."

Mohn, rot: Gedenken „Wir werden ihrer/seiner gedenken."

Mutterkraut: Schutz. Wärme. „Lasse mich für dich sorgen."

Myrte: Liebe und Schutz. „Du bist mein, und ich bin dein."

Nachtkerze: Unbeständigkeit. „Es kann so nicht weitergehen."

Narzisse: Eigenliebe. „Du liebst nur dich selbst."

Nelke: Bedürfnis. „Bitte, komme schnell."

Nelke, rosa: Ansporn. „Ich hoffe, dich wiederzusehen."

Nelke, rot: Leidenschaftliche Liebe. „Mein Herz sehnt sich nach dir."

Nelke, weiß: Platonische Liebe. „Meine Liebe zu dir ist keusch und rein."

Nelke, gelb: Bewunderung: „Seit langem verehre ich dich aus der Ferne."

Nelkenbasilie: Höflichkeit. „Unsere Unterhaltung hat mir Freude bereitet."

Nieswurz: Skandal. „Sprich zu niemandem von unserer Liebe."

Odermennig: Dankbarkeit. „Bitte nimm meinen Dank an."

Oleander: Im Stich lassen. „Ein falscher Freund hat uns betrogen."

Olive: Frieden. „Wir wollen Freunde sein."

Orangenblüte: Reinheit. „Mein Jungfräulichkeit ist mir kostbar."

Orchidee: Luxus, Liebe und Kultiviertheit. „Ich werde mich um alle deine Bedürfnisse sorgen."

Osterglocke: Respekt und Ansehen. „Ich bewundere dich sehr."

Petunie: Nähe. „Ich bin gerne in deiner Nähe."

Pfingstrose: Bedauern, Reue. „Ich bitte dich um Vergebung."

Phlox: Liebesflamme. „Mein Herz ist für dich entflammt."

Rhododendron: Überfluss und Stolz. „Ich kann dir alles geben, was das Leben zu bieten hat."

Ringelblume: Verzweiflung. „Werde ich dich niemals mehr wiedersehen?"

Rittersporn: Gedankenlosigkeit und Gleichgültigkeit. „Bitte, vergib mir."

Rose, rot: Liebe, Leidenschaft. „Ich liebe dich."

Rose, weiß: Schweigen. „Unsere Liebe muss geheim bleiben."

Rose, rosa: Anmut und Schönheit. „Ich bewundere dich."

Rosmarin: Erinnerung. „Ich werde dich niemals vergessen."

Salbei: Gesundheit, langes Leben. „Unsere Liebe wird ewig währen."

Schierling: Skandal. „Ich bin zu Unrecht verurteilt worden."

Schlüsselblume: Schönheit und Anmut. „Du bist entzückend."

Schmucklilie: Liebesbrief. „Ich liebe dich mehr, als Worte es auszudrücken vermögen."

Schneeglöckchen: Trost, Hoffnung. „Ich werde weiterhin versuchen, dein Herz zu gewinnen."

Seidelbast: Verehrung. „Ich existiere nur, um dir zu gefallen."

Sonnenblume: Loyalität, Arroganz und Prahlerei. „Goldener Schmuck beeindruckt mich nicht."

Stechpalme: Häusliches Glück. „Wir besitzen unvergleichliche Reichtümer."

Sternhyazinthe: Beständigkeit, Gewissenhaftigkeit und Treue. „Ich bin dir und nur dir treu."

Stiefmütterchen, purpurfarben: Denke an mich. „Du hast von meinen Gedanken Besitz ergriffen."

Stiefmütterchen, weiß: Liebevolle Gedanken. „Ich denke immer an dich."

Stiefmütterchen gelb: Erinnerung. „Unsere gemeinsame Zeit werde ich immer zu schätzen wissen."

Stockrose: Einfachheit. „Alles, was wir brauchen, ist unsere Liebe."

Tazette: Zuversicht. „Bis der Tod uns scheidet."

Thymian: Häuslichkeit. „Du wärest eine gute Hausfrau und Mutter."

Tollkirsche: Täuschung. „Ich traue dir nicht."

Trichterwinde: Affektiertheit. „Bitte, sei du selbst. Dein wirkliches Du verzaubert mich."

Tulpe, rot: Liebeserklärung. „Ich möchte der Welt von dir erzählen."

Tulpe, gelb: Unerwiderte Liebe. „Ich bete dich immer noch an."

Veilchen: Ehrlichkeit und Bescheidenheit. „Ich will dir gegenüber immer ehrlich sein."

Vergissmeinnicht: Erinnerung. „Bitte, denke in meiner Abwesenheit an mich."

Vogelknöterich: Großartigkeit. „Deine Schönheit, deine Persönlichkeit und dein Temperament sind Ehrfurcht einflößend."

Wasserlilie: Kühle. „Ich wünsche dir woanders Glück."

Weihnachtsstern: Positiv gesinnt. „Sei guter Dinge, meine Liebe."

Wicke: Abreise. „Ich werde jeden Tag immerzu an dich denken."

Winde: Demut. „Bitte, vergib mir."

Ysop: Herzbewegend. „Warum hüpft mein Herz, wenn du in Erscheinung trittst?"

Zinerarie: Freude und Entzücken. „Deine Gesellschaft ist wunderbar."

Zinnie: Unbeständigkeit. „Lebe wohl. Du bist zu launisch für mich."

Zitronenbaum: Kommunikation. „Ich werde dir jeden Tag schreiben."

Zitronenstrauch: Verzauberung. „Du hast mich verzaubert."

Die Uhr der Liebenden

Um ein geheimes Treffen zu arrangieren, bediente sich das Liebespaar zwölf Blumen für die zwölf Stunden. Selbst in der heutigen Zeit schmücken einige Leute ihren Garten mit einer Blumenuhr. Die einzelnen Blumen stehen für die jeweils volle Stunde.

Ein Uhr:	Rosmarin
Zwei Uhr:	Majoran
Drei Uhr:	Veilchen
Vier Uhr:	Narzisse
Fünf Uhr:	Wicke
Sechs Uhr:	Ruprechtskraut
Sieben Uhr:	Tulpe
Acht Uhr:	Glockenblume
Neun Uhr:	Himmelsschlüssel
Zehn Uhr:	Gartennelke
Elf Uhr:	Moschus-Flockenblume
Zwölf Uhr:	Nelke

Biedermeiersträußchen (Tussie-mussies)

Bei diesen Sträußen handelt es sich um kleine runde Gebinde aus Blumen oder duftenden Kräutern, die zusammengestellt werden, um mit Hilfe der Blumensprache eine Botschaft zu übermitteln. Gedruckt tauchte der Begriff *tuzzy mussy* zum ersten Mal 1440 auf. *Tussy* stammt wahrscheinlich von dem Wort *tussock* (Grasbüschel), während man mit *mussie* das feuchte Moos bezeichnete, das um die Blumenstiele gewunden wurde, um diese feucht zu halten.[20]

Wie es in einem alten Kinderreim heißt, verwendete man im 16. Jahrhundert in England Kräutersträußchen, um sich vor der Pest zu schützen:

Ring-A-Ring Rosen.
Eine Tasche voller Sträußchen,
Attischo, Attischo,
Wir alle fallen.

Vom 16. bis zum 19. Jahrhundert dienten die Sträußchen als Haarschmuck oder wurden an Kleidern und Hüten befestigt. In den meisten Fällen bestanden sie aus duftenden Kräutern, wie Kamille, Ysop, Lavendel, Majoran, Rosmarin, Raute, Salbei und Thymian. Bis zur Viktorianischen Zeit handelte es sich dabei um kleine Blumensträuße, die nur als Ausdruck der Zuneigung galten. In der spröden Viktorianischen Gesellschaft dienten sie als hervorragende Möglichkeit, um geheime Botschaften auszutauschen. Einige dieser Botschaften erwiesen sich als äußerst vielschichtig. Ein Gebinde, das aus Schmucklilie, Anemone, Bergamotte, roten und rosa Nelken sowie roten Rosen zusammengestellt war, über-

---

20 *Tussie-Mussies: The Victorian Art of Expressing Yourself in the Language of Flowers* by Geraldine Adamich Laufer (New York: Workman, 1993), 12.

brachte eine völlig andere Nachricht als ein Strauß aus Amaryllis, Blackberry, Cyclamen, roten Dahlien und Narzissen.

Ein Bewunderer pflegte ängstlich darauf zu warten, wie seine Angebetete auf das Sträußchen reagierte. Trug sie es im Haar, warnte sie ihn. Steckte sie es in ihren Ausschnitt, bedeutete es Freundschaft. Jeder hoffte, es über ihrem Herzen zu sehen, da dies als Zeichen der Liebe galt.

Die kleinen Sträuße lassen sich einfach herstellen. Zunächst befreit man die Blumen von den überflüssigen Blättern, schneidet die Stiele schräg an und stellt die Blumen ein bis zwei Stunden in Wasser. Ich verwende lauwarmes Wasser, kein kaltes. Wähle eine Rosenknospe oder eine andere Blüte als Mittelpunkt und umgib sie mit einem Kreis kleinerer Blüten. Füge verschiedene Blumen hinzu, indem du sie in konzentrischen Kreisen anordnest und ihre Stiele mit Zwirn oder Gummi befestigst. Umgib das Ganze mit Blättern oder Blattwerk und umwickele die Stängel mit Wachspapier. Binde zum Schluss ein hübsches Band um das Papier, damit nichts verrutscht.

In der Viktorianischen Zeit erwies sich die Blumensprache als äußerst nützlich, da sie eine geheime Zwiesprache, besonders zwischen Liebenden, ermöglichte. Mitunter wünschte sich das Paar einen Blick in die Zukunft, um zu sehen, ob sich ihre Beziehung entwickeln und von Dauer sein würde. Aus diesem Grunde befassten sie sich mit der Blumen-Divination, die wir im nächsten Kapitel betrachten werden.

IX

Blumen-Divination

Unter Divination versteht man die Kunst, die Zukunft vorauszusagen. Seit Anbeginn der Zeit verlangt es den Menschen danach, den Schleier zu lüften und Einblick in das zu gewinnen, was vor ihm liegt. Die meisten Leute möchten wissen, was das Leben für sie bereithält.

Die Kunst, mit Hilfe von Blumen weiszusagen, erfreute sich schon im antiken Griechenland großer Beliebtheit und wird heute noch praktiziert. Ihr liegt die Annahme zugrunde, dass Blumen besonders empfindsam sind und die Schwingungen und Energien aus ihrem Umfeld aufnehmen. Folglich sind sie in der Lage, fortlaufende Gegebenheiten zu klären und die Zukunft zu enthüllen.

Es gibt Beweise, dass Blumen auf ihre Umgebung reagieren. Der indische Physiker und Pflanzenphysiologe Sir Jagadish Bose (1858-1937) erfand Instrumente, mit denen er noch die geringsten Reaktionen von Pflanzen auf äußere Reize nachzuweisen vermochte und bewies, dass Pflanzen Gefühle haben. Bose stellte ebenfalls fest, dass Pflanzen schneller wachsen, wenn sie angenehmer Musik ausgesetzt werden.

Der amerikanische Botaniker und Gartenbauer Luther Burbank (1849-1926) fand heraus, dass Pflanzen ein Zentralnervensystem besitzen und auf Worte, Zuwendung und Liebe reagieren. Er vertrat die Ansicht, dass dies der Grund sei, weshalb einige Leute den so genannten „grünen Daumen" besitzen und es anderen schwerfällt, etwas zum Wachsen zu bringen. In Kalifornien werden jedes Jahr am 7. März, am so genannten *Arbor Day*, dem Geburtstag Burbanks, zu seinem Gedenken Bäume gepflanzt.

1972 bewies der russische Wissenschaftler Dr. V. Pushkin, dass Pflanzen fühlen. Er befestigte ein Enzephalogramm an ein Geraniumblatt und registrierte die Reaktion der Pflanze, wenn man freundliche oder unfreundliche Worte zu ihr sprach. Sie reagierte in der gleichen Weise wie ein Mensch.

1966 entdeckte der amerikanische Wissenschaftler Cleve Backster mit Hilfe eines Lügendetektors die Messbarkeit von Veränderungen des elektrischen Widerstandes, wenn einer Pflanze Leid zugefügt oder sie bedroht wurde. Er befestigte eine Pflanze an das Gerät und bedrohte sie in Gedanken. Zu seiner Überraschung reagierte die Pflanze. Weitere Untersuchungen ergaben, dass Pflanzen auf ein weites Spektrum an Emotionen und Gedanken reagieren.[21]

Dinge vorauszusagen, mag klingen, als sei unser Leben vorherbestimmt. Zum Glück ist dies nicht der Fall. Wir alle besitzen einen freien Willen. Ein Wahrsager sieht vielleicht, dass du dich im Laufe der nächsten drei Monate verlieben wirst. Falls du beschließt, in dieser Zeit jeden Abend alleine vor dem Fernseher zu verbringen, wird sich die Vorhersage wohl kaum bestätigen. Du musst handeln, damit die Dinge geschehen.

Fast jeder hat in irgendeiner Form die Blumen-Divination praktiziert. Ich erinnere mich, dass ich als Kind die Samen des Löwenzahns in die Luft pustete und sang: „Sie liebt mich, sie liebt mich nicht."

In Wiltshire begegnete ich einer Dame, die mit Hilfe von Zwie-

---

21 Peter Tomkins und Christopher Bird, *The Secret Life of Plants* (New York. Harper Collins, 1973). Siehe ebenfalls: Cleve Backster und Flora Powers, *Primary Perception: Biocommunication with Plants, Living Foods and Human Cells* (Anza, Ca: White Rose Millennium Press 2003).

beln den Ausgang verschiedener Ereignisse bestimmte. Gab es bei der Lösung eines Problems mehrere Möglichkeiten, pflegte sie jede Möglichkeit auf ein Stück Papier zu schreiben und die einzelnen Papiere an verschiedene Zwiebeln zu heften, diese anschließend nebeneinander zu legen und hin und wieder zu überprüfen. Die erste Zwiebel, die keimte, gab die Antwort. Viele Jahre später stellte ich fest, dass es sich dabei um eine sehr alte Methode handelte. In seinem Buch *Anatomy of Melancholy* (1621) spricht Robert Burton (1577-1640) von „Cromnysmantie, einer Art Wahrsagekunst mit *Zwiebeln*. Junge Mädchen legten sie am Weihnachtsabend auf den Altar, um herauszufinden, ob sie heiraten und wie viele Ehemänner sie haben werden." Hundertfünfzig Jahre später schrieb John Brand (1744-1806) in seinem Buch *Observations on Popular Antiquities* (1777):

An jenen Tagen versuchen übermütige Mädchen, die sich zum Zweck einer bevorstehenden Hochzeit treffen, den Namen ihres zukünftigen Ehemannes herauszufinden. Sie nehmen *vier, fünf oder acht Zwiebeln und ritzen in jede einen Namen*, den sie am meisten erträumen und an den sie am liebsten denken. Dann legen sie die Zwiebeln in die Nähe des Kamins. Diejenige *Zwiebel*, die zuerst keimt, trägt gewiss den Namen ihres zukünftigen Ehemannes.

Der Verfasser des mittelalterlichen Liedes „Scarborough Fair" ist unbekannt. Da es jahrelang von Minnesängern gesungen und nicht aufgeschrieben wurde, gibt es verschiedene Versionen. „Scarborough Fair" erinnert an die vier Divinations-Pflanzen, die ursprünglich den Sänger und seine Geliebte zusammenführten:

Wohin führt dich dein Weg? Zum Markt von Scarborough?
Petersilie, Salbei, Rosmarin und Thymian,
Bringe mich dort einem hübschen Mädchen in Erinnerung,
Denn einst ist sie meine wahre Liebe gewesen.

In den folgenden Strophen werden eine Reihe von unmöglichen Aufgaben genannt, die sie erfüllen muss, um seine Liebe erneut zu gewinnen:

Sage ihr, sie soll mir ein Batisthemd nähen,
Petersilie, Salbei, Rosmarin und Thymian,
Ohne Nadel und Faden,
Und sie wird meine wahre Liebe sein.

Die meisten Leute, die dem Gesang heute lauschen, kennen die Bedeutung der vier Kräuter nicht. Im Mittelalter aß man Petersilie, um ihres bitteren Geschmackes wegen und um die Verdauung anzuregen. Salbei hat seit jeher Stärke versinnbildlicht. Rosmarin symbolisiert Treue, Gedenken und weibliche Liebe. Thymian gilt als Zeichen von Mut. Die Damen stickten Thymian-Bilder für die Schilde der Ritter, damit sie mutig in den Krieg zogen. Demnach sollten die Kräuter wohl eine verschlüsselte Botschaft des betrogenen Sängers überbringen.

Divination mit Petersilie, Salbei, Rosmarin und Thymian

Frische, fein gehackte Kräuter, in der Regel Petersilie, Salbei, Rosmarin und Thymian, können für die Weissagung verwendet werden. Man kann sie notfalls durch andere Kräuter, auch in getrocknetem Zustand, ersetzen. Denke an eine Frage oder ein Problem. Vermische die gehackten Kräuter miteinander und streue sie auf ein großes Stück weißes Papier. Das Papier sollte eine raue Oberfläche besitzen. Billiges Papier erfüllt diesen Zweck gewöhnlich besser als teures. Vielleicht siehst du ein Bild oder entdeckst Muster, die dich augenblicklich an etwas denken lassen. Sollte dies nicht der Fall sein, nimm das Papier an den Enden und rüttele es sanft, damit sich die Kräuter anders verteilen. Fahre so lange fort, bis sie eine Form bilden, die sich auf dein Problem bezieht. Betrachte das Muster und achte auf deine Gedanken. Benötigst du mehr Klarheit, rüttele das Papier erneut, bis sich ein anderes Muster bildet. Wenn nötig, kannst du den Vorgang mehrmals wiederholen, um ein klares Bild der Situation zu gewinnen.

Meine erste Erfahrung mit der Blumen-Divination machte ich in einer spiritistischen Kirche, die ich als Teenager besuchte. Das Medium, das den Gottesdienst leitete, ließ einen mit frischen Schnittblumen gefüllten Korb herumgehen, und jedes Gemeindemitglied suchte sich eine Blume aus. Dann schritt es durch den Raum und gab anhand der jeweils gewählten Blume kurze psychometrische Deutungen. Unter Psychometrie versteht man die Kunst, Gefühle aufzufangen und intuitiv Einblicke in eine Person zu gewinnen, indem man etwas in der Hand hält, das diese Person berührt hat. Gewöhnlich handelt es sich dabei um einen Gegenstand, den sie seit langem besessen hat, aber Pflanzen nehmen fast augenblicklich feinstoffliche Eindrücke auf, die dann von einem Spezialisten gelesen und interpretiert werden können.

In Fernost praktiziert man eine Blumendeutung, die einen längeren Zeitraum umfasst. Drei Nelken an einem einzelnen Stiel werden in das Haar eines Teenagers gesteckt und beobachtet, bis die Blüten zu welken beginnen. Stirbt die oberste Blüte zuerst, weist dies auf eine schwierige Zeit in den späten Jahren hin. Der mittlere Lebensabschnitt wird der schwierigste werden, falls die mittlere Blüte zuerst verwelkt. Stirb die unterste Blüte zuerst, werden die ersten Jahre die mühsamsten sein. Dauert es lange, bis die Blüten welken, bedeutet dies, dass die Person ein erfolgreiches und glückliches Leben verbringen wird.

Achtet man auf den Tag, an dem man die erste Frühlingsblume entdeckt, kann man das zu erwartende Jahr bestimmen:

Sonntag:	Ein Jahr voller unerwarteter Freuden und glücklicher Umstände.
Montag:	Glück während des ganzen Jahres.
Dienstag:	Ein erfolgreiches Jahr, solange du dir Mühe gibst.
Mittwoch:	Hochzeit für dich oder eine dir nahestehende Person.
Donnerstag:	Ein glückliches, doch finanziell bescheidenes Jahr.
Freitag:	Harte Arbeit zahlt sich beträchtlich aus.
Samstag:	Es begegnet dir Glück.

Blumendeutung für sich selbst

Ohne sich eingehend mit diesem Thema befasst zu haben, wählt man einfach eine Blume, die einen anspricht. Kennt man sich in dieser Kunst ein wenig aus, wird es schwieriger werden, da man die unterschiedlichen Formen und Farben verschiedener Blumen zu deuten versteht. Andererseits wählen selbst Experten eine passende Blume. Anstatt nur den ästhetischen Aspekt zu beachten, kann man sich intuitiv zu derjenigen Blume führen lassen, die einem im gegebenen Zeitpunkt als die wichtigste erscheint. Manchmal wird man eine Überraschung erleben, aber es wird immer diejenige Blume sein, derer man am meisten bedarf.

Sobald du begonnen hast, regelmäßig eine Blüte zu wählen, wirst du feststellen, dass du sie nicht unbedingt pflücken musst. Du kannst sie bewundern, deuten, ihr danken und sie an der Pflanze belassen, es sei denn, du möchtest sie bei dir tragen.

Blumendeutung für andere

Die meisten Menschen sind noch niemals einem Blumendeuter begegnet. Sobald du diese Kunst erlernt hast, wirst du dich der Nachfrage kaum erwehren können. Parks und Gärten mit ihrer Blumenvielfalt eignen sich am besten. Bitte deine Freunde, eine Blume zu wählen, die du für sie deutest.

Eine andere Möglichkeit bietet eine Vase voller unterschiedlicher Blumen. Halte möglichst viele Farben und Blumenarten bereit. Deine Freunde suchen sich eine einzelne Blume aus. Diese Methode wende ich in der Öffentlichkeit an.

Eine dritte Möglichkeit besteht darin, eine große Auswahl von Blumenkarten bereit zu halten. Ich persönlich habe die Photographien aus Gartenmagazinen herausgeschnitten, auf Karton in Postkartengröße oder Karteikarten geklebt und zum Schutz mit

Folie überzogen. Letztere kann ich bei mir tragen. Sie eignen sich hervorragend, wenn das Thema Blumendeutung überraschend auftaucht. Außerdem besitze ich eine Anzahl von Büchern mit bunten Blumenbildern. Die Leute können sie durchblättern und eine Blume aussuchen, die ihnen gefällt. Der Vorteil besteht in dem breiten Angebot. Andererseits kann man die Blumen weder halten noch riechen.

Steht keine dieser Methoden zur Verfügung, gebe ich dem Klienten einen Block und Farbstifte und lasse ihn eine Blume malen. Dies kann sich als äußerst aufschlussreich erweisen, da die Farbwahl die tiefsten Gefühle der Person im Augenblick des Zeichnens enthüllt.

Blumendeutung 101

Die Deutung basiert auf unterschiedlichen Aspekten der Blume:

Blumenthema: Sind dir die traditionellen Bedeutungen einer Blume vertraut, werden sie in deine Deutung mit einfließen. Jemand, der eine rote Rose wählt, denkt wohl eher an Liebe als an seine Hypothek.

Form: Blumen gibt es in allen Größen und Formen. Glücklicherweise lassen sich die Formen unter verschiedenen Oberbegriffen klassifizieren, die dann gedeutet werden.

Farbe: Jede Farbe besitzt ihre Bedeutung, die bei der Interpretation eine wesentliche Rolle spielt.

Anzahl der Blütenblätter: Die Grundlagen der Numerologie fließen bei der Deutung der Blütenblätter mit ein.

Duft: Verschiedene Düfte können ebenfalls gedeutet werden, da sie zusätzliche Einblicke bieten.

Stengel: Der Stiel kann in drei gleich große Teile geteilt werden. Das obere, der Blüte am nächsten gelegene Drittel bezieht sich auf die Zukunft, der mittlere Abschnitt auf die Gegenwart und der untere Teil auf die Vergangenheit.

Blumenthema

Dieses tritt nicht immer in Erscheinung, sollte es aber der Fall sein, gibt es wichtige Aufschlüsse über die Gedanken der Person.

Reinigung ist das Thema der Primelgattung. Personen, die eine Primel wählen, überdenken ihren Lebensweg und sind auf der Suche nach einer positiveren Zukunft.

Kommunikation und Mut sind die Themen der Löwenmaul-Familie. Personen, die Löwenmäulchen wählen, verbergen ihre Gefühle gerne, und es fällt ihnen schwer, offen darüber zu sprechen.

Vertrauen, Selbstwertgefühl und Sicherheit sind die Themen der Glockenblumen-Familie. Menschen, die Glockenblumen wählen, verstehen sich gut mit ihren Mitmenschen.

Energie ist das Thema der Minze-Gattung. Personen, die Minze wählen, leiden unter geistiger und körperlicher Erschöpfung. Diese Blume kann ihnen helfen, neue Energie zu schöpfen.

Anmut und Potenzial sind die Themen der Orchideen-Familie. Die Griechen und Römer bezogen Orchideen auf die Liebe und weihten sie der Göttin Venus. Menschen, die Orchideen wählen, suchen allumfassende Liebe und Verständnis.

Heilung ist das Thema der Petersilie. Personen, die sie wählen, suchen Heilung, besonders emotionale Heilung.

Hoffnung und glückliche Erwartung sind Themen der Schneeglöckchen und Osterglocken. Es sind die ersten Frühlingsblumen und sie symbolisieren neues Leben.

Unschuld ist das Thema der Gänseblümchen-Familie. Kinder lieben Gänseblümchen, weshalb man sie mit Unschuld in Zusammenhang bringt. Personen, die sie wählen, suchen in schwierigen Situationen nach Geduld und Kraft.

Inspiration ist das Thema der Iris-Familie. Aus diesem Grunde hat man sie mit dem Regenbogen in Verbindung gebracht. Die Iris ermöglicht erhabene Gedanken (Inspiration), die in die Praxis umgesetzt werden, um wertvolle Ergebnisse zu erzielen.

Liebe ist das Thema der Rosen-Familie. Die Farbe der Rose liefert zusätzliche Einblicke. Eine rote Rose ist ein Zeichen von Leidenschaft, eine weiße hingegen von jungfräulicher, platonischer und idealistischer Liebe.

Frieden und Reinheit sind die Themen der Lilien-Gattung. Dem Fragesteller geht es wahrscheinlich um Pflege, Ruhe oder irgendeine andere typisch weibliche Eigenschaft.

Läuterung ist das Thema der Eukalyptus-Gattung. Personen, die Eukalyptus wählen, möchten die Vergangenheit loslassen und neu beginnen.

Sensitivität ist das Thema der Veilchen-Familie. Personen, die Veilchen wählen, suchen nach seelischer Heilung und geistigem Schutz. Sie benötigen oft Hilfe, um sich zu behaupten.

Sexuelle Probleme sind das Thema der Arum-Gattung. Menschen, die den Aronstab wählen, stehen Schwierigkeiten gegenüber und müssen diesbezügliche Entscheidungen treffen.

Stress ist das Thema der Baldrian-Familie. Personen, die diese Pflanzen wählen, leiden unter einer Vielzahl von Belastungen. Der Baldrian kann ihnen helfen, die Belastung zu erkennen und ihr Leben entsprechend zu ändern.

Weisheit ist das Thema der Jasmin-Familie. Menschen, die Jasmin wählen, suchen Wissen und geistiges Wachstum.

Form

Die Form der gewählten Blume offenbart den Gefühlszustand der Person:

Glocke

Glockenförmige Blumen weisen nach unten und zeigen, dass die Person, die sie gewählt hat, der Erdung bedarf. Solchen Leuten fällt es schwer, ihre innersten Gefühle zum Ausdruck zu bringen, sie schädigen sich unbewusst auf einer tiefen inneren Ebene. Die Wahl einer glockenförmigen Blume hilft diesen Menschen, Blockaden zu lösen, damit sie beginnen können, ihre Hoffnungen und Träume zu erfüllen.

Fuchsien und Akelei sind gute Beispiele für glockenförmige Blumen.

Kelch

Kelchförmige Blumen weisen nach oben und offenbaren die hegenden und pflegenden Eigenschaften, die man mit ihnen verbindet. Menschen, die eine solche Blumenform wählen, mangelt es an Liebe und Unterstützung von seiten anderer. Die Blume hilft ihnen, ihren wahren Wert zu erkennen und ihr Selbstwertgefühl zu stärken.

Beispiele für kelchförmige Blüten sind Schlüsselblumen, Tulpen und Protea.

Narrenkappe

Dabei handelt es sich um eine halbmondförmige Blüte. Sie ähnelt den glocken- und kelchförmigen Blumen, aber ihre Blütenblätter rollen sich nach außen, was an eine Narrenkappe erinnert. Personen, die diese Blumen wählen, unterdrücken ihre Emotionen, und es fällt ihnen schwer, ihre tiefsten Gefühle zu äußern.

Beispiele sind Kapuzinerkresse und Tigerlilie.

Trompete

Trompetenförmige Blumen beziehen sich auf Selbstausdruck. Menschen, die solche Blumen wählen, müssen sich in irgendeiner Weise zum Ausdruck bringen – am besten kreativ. Außerdem sollten sie lernen, ihre wahren Gefühle zu äußern, anstatt sich mit oberflächlichen Gedankengängen und sinnlosen Unterhaltungen zu beschäftigen.

Beispiele sind die Engelstrompete, Osterglocken und Winde.

Flamme

Blumen, die einer Flamme gleichen, stehen mit dem Feuer-Element in Zusammenhang. Sie vermitteln Energie und Enthusiasmus, weisen aber auch darauf hin, dass etwas beseitigt (im Sinne von verbrennen) oder zurückgelassen werden muss, damit die Person voranzuschreiten vermag. Menschen, die solche Blumen wählen, suchen nach neuen Möglichkeiten und einer neuen Lebenssicht.

Beispiele sind Königskerze und Fackellilien.

Stern

Sternförmige Blumen besitzen fünf oder sechs Blütenblätter, die nach außen strahlen. Personen, die solche Blumen wählen, sehnen sich nach geistigem Wachstum. Sie sind oft überaus empfindsam und leiden unter Erschöpfung und Ängsten, die sie hindern.

Beispiele für sternförmige Blumen sind Borretsch, Iris und Johanniskraut.

Sonne

Blumen mit strahlenförmig angeordneten Blütenblättern gleichen den üblichen Darstellungen der Sonne. In den meisten Fällen handelt es sich um eine einzelne Blüte auf einem Stengel. Aus diesem Grund werden sie mit Selbstvertrauen und Selbstausdruck in Verbindung gebracht. Personen, die solche Blumen wählen, müssen lernen, ihre persönliche Macht zu akzeptieren, weniger ernsthaft zu sein und sich bereitwillig offen zu äußern.

Beispiele sind Chrysanthemen, Gänseblümchen, Sonnenblumen und Zinnien.

Rispen

Dabei handelt es sich um eine Reihe von Blüten, die an einem gewölbten Zweig wachsen. Sie schwingen im Wind und weisen darauf hin, was diejenigen Personen, die sie wählen, unternehmen sollten. Solche Menschen sind oft steif, festgefahren in ihren Ansichten und mit ihrer Verantwortung überfordert. Die Blüten zu wählen, hilft ihnen, ein wenig loszulassen und „mit dem Strom zu schwimmen".

Beispiele für eine Rispe sind Besenginster, Weide und Glyzine.

Ähre

Blütenähren gleichen den Rispen, recken sich aber zum Himmel. Aus diesem Grund symbolisieren sie Menschen, die Erfüllung und geistiges Wachstum suchen. Personen, die Blütenähren wählen, neigen zu Selbstkritik und sind niemals mit sich selbst zufrieden. Diese Blumen helfen ihnen, die erforderliche Kraft zu gewinnen, Kritik zu ignorieren und ihren wahren Lebensweg zu finden.

Beispiele sind Aloe, Lavendel und Salbei.

Sonnenschirm

Wenn eine Anzahl von ungefähr gleich langen Blütenstengeln aus einem gemeinsamen Zentrum entspringt, bildet sich eine Blüte, die einem Sonnenschirm oder einem umgestülpten Dreieck gleicht. Personen, die solche Blumen wählen, sind offen, vertrauensvoll, intuitiv und verletzbar. Sie müssen lernen, auf sich selbst zu achten und sich nicht ständig auf die Bedürfnisse anderer zu konzentrieren.

Beispiele sind Angelika, Mutterkraut, Knoblauch und Schafgarbe.

Springbrunnen

Die Blütenblätter dieser Blumen strahlen von einem Zentrum ausgehend in mehreren Schichten nach außen. Diese Anordnung gibt ihnen das Aussehen eines Springbrunnens, dessen Wasser in alle Richtungen versprüht. Freundliche, offene, liebevolle und neugierige Menschen lieben diese Blumen. Sie sind oft vorsichtig und scheu.

Gute Beispiele sind Kamelie, Hibiskus, Pfingstrose, Ranunkeln und Zinnien.

Andere

Blumen gibt es in allen Formen und Gestalten. Hin und wieder begegnet man einer Blüte, die sich nicht in diese neun Kategorien einordnen lässt. Personen, die sie wählen, suchen emotionale Freiheit und geistiges Wachstum. Beispiele sind chinesische Laterne, Akelei und Geißblatt.

Farbe

Es gibt eine unendliche Vielfalt an herrlichen Blumenfarben auf Erden. Oft fühlt man sich aufgrund ihrer Farbe zu einer bestimmten Blume hingezogen, was sich deuten lässt. Die gewählte Farbe bestimmt die Eigenschaften, die die Person zu diesem Zeitpunkt benötigt.

Viele Blumen besitzen mehrere Farben. Der vorherrschende Farbton der Blütenblätter offenbart die natürlichen Fähigkeiten der Person. Die Farbe im Blütenzentrum enthüllt ihr eigentliches Wesen. Die Tönung der Blütenstempel, in denen sich die Samen befinden, offenbart Antrieb und Energie. Alle weiteren Farbschattierungen erweitern oder modifizieren die Grunddeutung der Blütenblattfärbung.

Rot

Rot ist eine leidenschaftliche Farbe. Menschen, die sie lieben, sind unabhängig, begeisterungsfähig, voller Energie und leidenschaftlich. Sie lieben das Leben. Sie sind „rot-blütig". Rot bezieht sich auf den physischen Aspekt der Liebe. Shakespeare schrieb: „Meine Liebe gleicht einer roten, roten Rose." Personen, die rote Blumen wählen, suchen die genannten Eigenschaften. Sie halten Ausschau nach Motivation und Willenskraft sowie der Fähigkeit, nötigenfalls für sich selbst einzutreten.

Rosa

Rosa ist eine positive, heitere, nährende und liebevolle Farbe. Sie bezieht sich auf Unschuld und Weiblichkeit. Rosa wirkt beruhigend und fördert positive Zukunftsgedanken. Menschen, die rosafarbene Blumen wählen, wollen sich selbst lieben und akzeptieren. Sie wünschen sich mehr Liebe in ihrem Leben. Sie kann – was selten der Fall ist – leidenschaftlicher und körperlicher Natur sein. Diese Menschen sind oft einsam und sehnen sich nach Freundschaft.

Orange und Gold

Orange und Gold sind aufregende, anregende und frohe Farben und weniger zwingend als Rot. Ihnen ist eine gewisse Leichtigkeit und Weitblick zu eigen. Sie symbolisieren Wärme, Toleranz, Wohlstand und universelle Liebe. In der Vergangenheit verwendete man Blumen mit dieser Farbe zur Linderung von Depressionen. Personen, die diese Blumen wählen, trachten nach höheren Eigenschaften. Sie möchten gesellig und positiv sein und sich nach einer Enttäuschung oder einem Liebeskummer rasch wieder aufraffen.

Gelb

Gelb ist heiter, sorglos und lustig, herzlich, positiv und rasch denkend. Es bezieht sich auf verbale Kommunikation und Kreativität. Menschen, die gelbe Blumen wählen, möchten fröhlich und aufgeschlossen sein und sich mit anderen austauschen.

Grün

Grün wirkt besänftigend, erholsam und nährend. Es ist die Farbe der Natur und regeneriert Körper, Geist und Seele. Es symbolisiert Beständigkeit, Frieden, Einfühlungsvermögen und Heilung. Grüne Blumen sind verhältnismäßig selten und finden sich meistens auf Weiden. Personen, die grüne Blumen wählen, sehnen sich nach Verständnis, Toleranz, Zufriedenheit und Gleichmut.

Blau

Blau ist die kühlste Farbe und beruhigt Körper, Geist und Seele. Blau symbolisiert Ehrlichkeit, Aufrichtigkeit, Selbstausdruck, Treue, Gelassenheit und Beständigkeit. Menschen, die blaue Blumen wählen, sehnen sich nach den genannten Eigenschaften. Sie möchten auch mehr Selbstvertrauen entwickeln.

Indigo

Indigo ist ruhig, würdevoll, idealistisch und fürsorglich. Es bezieht sich auf Idealismus, Weisheit und Spiritualität. Menschen, die diese Blumen wählen, wünschen sich diese Eigenschaften und suchen nach dem geeigneten geistigen Pfad sowie nach Vertrauen, Sicherheit und innerem Frieden.

Violett

Die Farbe Violett hat man stets mit Spiritualität verbunden. Die griechischen Priester trugen violette Roben. Diese Farbe symbolisiert Inspiration, Spiritualität und das Heilige. Sie regt die Vorstellungskraft an und fördert die Intuition. Personen, die violette oder purpurfarbene Blumen wählen, durchlaufen einen Wandlungsprozess und sehnen sich nach den genannten Eigenschaften. Vielleicht leiden sie unter Stress, da Violett sanft und heilend wirkt und Geist und Emotionen beruhigt.

Weiß

Weiß bezieht sich auf Reinheit, Unschuld und Vergebung. Es beseitigt Negativität und erfüllt den Geist mit Freiheit, Hoffnung und unendlichen Möglichkeiten. Menschen, die weiße Blumen (oder violette) wählen, durchleben eine Transformation.

Schwarz

Schwarz bezieht sich auf Intellektualität, Geheimnis und Macht. Personen, die Schwarz wählen, haben häufig etwas zu verbergen oder sind nicht bereit, allzu viel über sich zu offenbaren. Obwohl es sich um eine ungewöhnliche Blumenfarbe handelt, findet man gelegentlich schwarze Stockrosen, Iris, Narzissen, Stiefmütterchen und Tulpen. Menschen, die solche Blumen wählen, suchen nach Vergebung.

Die Anzahl der Blütenblätter

Die Anzahl der Blütenblätter gibt Aufschluss über die Motivation und den Antrieb der Person.

Eins

Dabei handelt es sich eigentlich um einen Blütenkreis. Personen, die diese Blumen wählen, sind ehrlich, treu, ehrgeizig und entschlossen. Sie suchen nach Möglichkeiten voranzuschreiten. Sie eignen sich im Allgemeinen besser für die Gesamtschau. Einzelheiten überlassen sie gerne anderen.

Zwei

Menschen, die Blumen mit zwei Blütenblättern wählen, sind sympathisch, liebevoll, empfindsam, diplomatisch und freundlich. Sie suchen nach Möglichkeiten, ihre Intuition zu entwickeln.

Drei

Personen, die Blumen mit drei Blütenblättern wählen, sind freundlich, positiv, nach außen gewandt und freuen sich an allem, was das Leben zu bieten hat. Sie suchen Gelegenheiten, ihre Kreativität zu entwickeln.

Vier

Menschen, die Blumen mit vier Blütenblättern wählen, sind verantwortungsbewusst, verlässlich, praktisch und entschlossen. Sie lieben die Routine. Veränderungen und unerwartete Umwälzungen beunruhigen sie. Sie suchen nach Möglichkeiten, ihre nüchternen, praktischen Kenntnisse zum Wohl eines jeden einzusetzen.

Fünf

Personen, die Blumen mit fünf Blütenblättern wählen, genießen Veränderungen, Vielfalt, Reisen und die Freiheit. Sie fürchten, eingeengt oder begrenzt zu werden. Sie suchen Gelegenheiten, ihre Freiheit produktiv zu nutzen

Sechs

Menschen, die Blumen mit sechs Blütenblättern wählen, sind verantwortungsbewusst, sympathisch, idealistisch und fürsorglich. Sie widmen sich Freunden und der Familie. Sie suchen Möglichkeiten, anderen zu dienen und ihnen zu helfen.

Sieben

Menschen, die Blumen mit sieben Blütenblättern wählen, sind ernsthaft, analytisch, idealistisch und spirituell. Sie suchen nach Möglichkeiten, sich mental und geistig weiterzuentwickeln.

Acht

Personen, die Blumen mit acht Blütenblättern wählen, sind ehrgeizig, tüchtig, verlässlich, voller Energie und selbstsicher. Sie stecken sich hohe Ziele und suchen Möglichkeiten, ihre hehren Ziele zu erreichen.

Neun

Personen, die Blumen mit neun Blütenblättern wählen, sind idealistisch, romantisch, empfindsam und kreativ. Sie sind von Natur aus Menschenfreunde, die nach Möglichkeiten suchen, anderen zu helfen.

Zehn

Menschen, die Blumen mit zehn Blütenblättern wählen, sind ehrgeizig, konzentriert und unabhängig. Sie sind Einzelgänger, die

Herausforderungen suchen, die sie ohne große Hilfe von seiten anderer meistern können.

Mehr als zehn Blütenblätter

Menschen, die Blumen mit mehr als zehn Blütenblättern wählen, sind intelligent, fähig, charismatisch und lösen Probleme auf einzigartige Weise. Sie suchen nach Möglichkeiten, universelle Liebe zu empfangen und zu geben.

Lässt sich die Vielzahl an Blütenblättern leicht abzählen, reduziere ich die Summe auf eine einzige Ziffer. Besitzt die Blüte achtzehn Blütenblätter, addiere ich eins und acht und deute die Blume, als habe sie neun Blütenblätter. Lässt sich die Anzahl nicht mühelos abzählen, verwende ich die Interpretation für Blumen mit mehr als zehn Blütenblättern.

Duft

Die Intensität eines Blumenduftes bietet zusätzliche Einblicke. Ein zarter Duft wirkt sanfter als ein aufdringlicher. Personen, die stark duftende Blumen wählen, sind ungeduldig und verlangen nach raschen Ergebnissen. Jene, die zart duftende Blumen bevorzugen, sind geduldig und bereit, die notwendige Zeit aufzubringen, um ihre Ziele zu erreichen. Einige Blumen besitzen keinen ausgeprägten Duft. In diesem Fall, oder wenn überhaupt kein Duft vorhanden ist, ignoriert man diesen Aspekt.

Ich finde es interessant, dass einige Menschen ihre Blumen anhand der Duftnote, andere hinwiederum aufgrund ihres Aussehens wählen.

Stiel

Manchmal, wenn auch selten, bringen Leute nur den Blumenkopf. In den meisten Fällen ist zumindest ein Teil des Stiels noch vorhanden, der gedeutet werden kann. Das untere Drittel bezieht sich auf die Vergangenheit. Betrachtet man, wie der Stiel gebrochen wurde, kann man wertvolle Informationen erhalten. Wurde er abgeschnitten, blickt die Person auf eine angenehme, glückliche Kindheit zurück. Eine schwierige Kindheit liegt vor, falls der Stiel grob geschnitten oder abgerissen wurde. Das mittlere Drittel bezieht sich auf die Gegenwart. Achte auf Verdickungen oder Unebenheiten. Sie weisen auf augenblickliche Schwierigkeiten hin. Das obere Drittel deutet auf die Zukunft.

Zusammenfassung

Nehmen wir an, ein fünfundzwanzigjähriger Mann namens Tom sucht dich auf und bittet um eine Blumendeutung. Wahrscheinlich erwartest du, dass er dir eine Rose oder eine Orchidee reicht. Statt dessen gibt er dir ein Gänseblümchen. Ich wähle diesen Fall als erstes Beispiel, da diese Blume überraschend häufig gebracht wird.

Zunächst betrachte ich den Zustand der Blume. Wurde sie sorgfältig gepflückt? Hat sie Schaden erlitten? Ist die Blume ansprechend?

Dann untersuche ich die fünf Bereiche: Thema, Form, Farbe, Anzahl der Blütenblätter und Duft.

Thema: Unschuld. Tom ist wahrscheinlich arglos, möglicherweise naiv. Er benötigt Geduld und Kraft, um mit einer schwierigen Situation fertig zu werden.

Form: Sonne. Solche Blumen beziehen sich auf Zuversicht und Selbstausdruck. Dies bedeutet, Tom sollte seine persönliche Macht annehmen, weniger ernsthaft werden und bereit sein, sich öffentlich zum Ausdruck zu bringen.

Farbe: Weiß. Weiß bezieht sich auf Reinheit, Unschuld und Vergebung. Tom setzt Negativität frei und gewinnt ein Gefühl von Freiheit, Hoffnung und unendlichen Möglichkeiten. Wahrscheinlich wird sich ein Wandel in seinem Leben vollziehen. Das Zentrum der Blume ist gelb. Dies zeigt, dass Tom mit anderen kommunizieren und sich austauschen möchte.

Anzahl der Blütenblätter: Es sind mehr als zehn. Toms Wahl zeigt, dass er intelligent, fähig und charismatisch ist und Schwierigkeiten in einzigartiger Weise zu lösen versteht. Er hält nach Möglichkeiten Ausschau, universelle Liebe zu empfangen und zu geben.

Duft: Zart. Tom ist geduldig und darauf vorbereitet, Veränderungen Zeit zu lassen.

Tom hat sein Gänseblümchen gut gewählt. Der Stiel ist lang, die Blüte selbst wohl geformt und jedes einzelne Blütenblatt makellos, was Sorgfalt und Liebe zum Detail beweist.

Vielleicht erklärst du ihm: „Für dich wird es wohl einen Neubeginn geben. Du fühlst dich ein wenig beunruhigt, doch glücklicherweise verfügst du über genügend Selbstsicherheit und Kraft, um die Sache durchzuziehen. Obwohl du die Schwierigkeiten dieser Aufgabe in ungewöhnlicher Weise lösen wirst, solltest du ein wenig lockerer werden, da es den Anschein hat, dass du mitunter allzu ernst bist. Du hast an etwas aus der Vergangenheit festgehalten, befindest dich aber in einem Wandlungsprozess und lässt los. Dir selbst und anderen zu vergeben, wird dir gut tun. Deine Kommunikationsfähigkeit wird dir in dieser Übergangsphase nützlich sein. Zum Glück bist du geduldig, denn von Zeit zu Zeit bedarfst du wirklich der Geduld. Trotz einiger Rückschläge wirst du in den nächsten Monaten große Fortschritte machen."

Ein anderer Fall könnte sich folgendermaßen gestalten. Die achtundfünfzigjährige Sophia reicht dir eine rosa Kamelie, deren flaumige, in konzentrischen Kreisen angeordneten Blütenblätter einer Fontäne gleichen. Die Klientin hat eine makellose Blume ausgesucht.

Thema: Die Kamelie steht für kein spezielles Thema und wird allgemein mit Liebe in Zusammenhang gebracht. Eine weiße Kamelie symbolisiert eine reine Liebe, und eine rote Blume weist auf Leidenschaft hin („Du bist eine Flamme in meinem Herzen"). Eine rosa Kamelie deutet auf Bewunderung und Sehnsucht hin. Wahrscheinlich liebt Sophia jemanden, hat ihm aber ihre Gefühle noch nicht gezeigt.

Form: Fontäne. Dies weist darauf hin, dass Sophia freundlich, offen, liebevoll und neugierig ist. Andererseits verhält sie sich vorsichtig und zurückhaltend, was darauf schließen lässt, dass sie ihre Gefühle noch nicht zum Ausdruck gebracht hat.

Farbe: Rosa. Dies ist eine reine, positive, heitere, nährende und liebevolle Farbe. Sie wirkt beruhigend und besänftigend und ermutigt positive Zukunftsgedanken. Personen, die diese Farbe wählen, sehnen sich nach mehr Liebe in ihrem Leben. Sophia fühlt sich wahrscheinlich einsam und sehnt sich nach Freundschaft.

Anzahl der Blütenblätter: Da man die Vielzahl der Blütenblätter kaum zählen kann, richte dich nach der „mehr als zehn" Anweisung, die offenbart, dass es sich bei Sophia um eine intelligente Frau handelt, die in einzigartiger Weise ein Problem anzugehen weiß. Sie sucht nach Möglichkeiten, Liebe zu geben und zu empfangen.

Duft: Kamelien besitzen keinen wahrnehmbaren Duft. Violetta, die Heldin in Verdis Oper „La Traviata", schmückte sich mit Kamelien, da sie gezwungen war, ihre Juwelen zu verkaufen. Die Figur der Violetta basiert auf Madeleine de Plessis, einer Kurtisane im Paris des 19. Jahrhunderts, die Kamelien trug, da duftende Blumen bei ihr Hustenreiz hervorriefen. Wahrscheinlich war dies ein frühes Zeichen ihrer Tuberkulose, an der sie schließlich starb.

Anhand der einzelnen Aspekte könnte man Sophia folgende Deutung geben. „Sie sind intelligent und nutzen ihre einzigartige Denkweise ausgezeichnet. Andererseits hat es den Anschein, dass sie sich selbst allzu lange zurückgehalten haben. Ich weiß, sie haben in der Vergangenheit Kummer erlebt und wurden wahrscheinlich durch andere verletzt. Die Wahl der rosa Kamelie zeigt mir, dass sie sich innerlich wünschen, mit ihrem Leben fortzufahren. Es wird Zeit für sie, ein wenig anspruchsvoller zu werden und jemandem zu sagen, was sie wirklich fühlen. Dies wird zwei Menschen sehr glücklich machen. Es muss nicht heute geschehen, aber warten sie nicht zu lange. Vorsicht ist gewöhnlich ein guter Freund, kann aber auch ein Hindernis sein, etwas zu unternehmen, das glücklich macht. Die Zukunft hält großes Glück für sie bereit, aber sie müssen den ersten kleinen Schritt wagen."

Wochentag

Viele Leute wählen ihre Blume an einem bestimmten Wochentag, was zu ihrer Deutung beiträgt. Ich greife selten auf diese zusätzliche Information zurück, schließe sie aber zum Zweck der Vollständigkeit nicht aus. Sie kann wichtigen Aufschluss geben, falls die Person ein bestimmtes Problem beunruhigt und sie möglichst rascher Hilfe bedarf. Ich denke, es ist wichtiger, eine Blume zu wählen, zu der man sich hingezogen fühlt, als auf die Bedeutung des Tages zu achten.

Sonntag

Planet:	Sonne
Pflanze:	Sonnenblume
Duft:	Myrrhe, Safran

Man sollte am Sonntag eine Blume wählen, wenn sich die Frage auf Kreativität, Voraussage, Autorität oder finanzielle Angelegenheiten bezieht.

Montag

Planet:	Mond
Pflanze:	Pfingstrose
Duft:	Kampfer, weißes Sandelholz

Man sollte seine Blume an einem Montag aussuchen, wenn sich die Frage um Neuigkeiten aus der Ferne, Aussöhnung oder Umgang mit Frauen bezieht.

Dienstag

Planet:	Mars
Pflanze:	Raute
Duft:	Benzoe, Schwefel

Die Blume sollte an einem Dienstag gewählt werden, falls sich die Frage mit Mut, Energie, Tatkraft oder dem Umgang mit potenziellen Feinden befasst.

Mittwoch

Planet:	Merkur
Pflanze:	Fingerkraut
Duft:	Narzisse

Wähle die Blume an einem Mittwoch, wenn sich die Frage auf Kommunikation, Kritik, den Intellekt, Wissenschaft oder Kauf und Verkauf bezieht.

Donnerstag

Planet:	Jupiter
Pflanze:	Odermennig
Duft:	Balsam, Muskat

Bezieht sich die Frage auf Ausdehnung in irgendeiner Form, Überfluss oder Glück, sollte die Blume an diesem Tag gewählt werden. Der Donnerstag eignet sich gut für die Auseinandersetzung mit religiösen oder philosophischen Angelegenheiten.

Freitag

Planet:	Venus
Pflanze:	Eisenkraut
Duft:	Ambra, rosa Rose

Man sollte die Blume an einem Freitag wählen, falls sich die Frage mit Freundschaft, Liebe, Heirat oder angenehmem Zeitvertreib befasst.

Samstag

Planet:	Saturn
Pflanze:	Dachwurz
Duft:	Moschus, Alaun

Wähle die Blume an einem Samstag, wenn sich deine Frage auf Lernen, Besitz, Geld besitzen oder schulden oder Beharrlichkeit und Landwirtschaft bezieht.

Andere Formen der Blumendeutung

Seit Jahrhunderten haben Kinder mit Blumen das Spiel „Er/sie liebt mich, er/sie liebt mich nicht" gespielt. Kinder pusten gerne die Samen des Löwenzahns in den Wind oder zupfen die Blütenblätter eines Gänseblümchens ab. Beide Methoden können auch eingesetzt werden, wenn Erwachsene die Antwort auf eine wichtige Frage suchen. Der Löwenzahn hat sich als besonders wirkungsvoll erwiesen, will man den Zeitpunkt eines wichtigen Ereignisses bestimmen. Entscheide dich, ob du nach Tagen, Wochen oder Monaten fragen willst, ehe du zu blasen beginnst. Wie oft du pusten musst, um alle Samen zu entfernen, wird dir die Antwort liefern.

Zwillingsrosen

Diese Methode hat sich bewährt, wenn man zwischen zwei Möglichkeiten entscheiden muss. Kaufe zwei identische Rosenknospen und stelle sie in zwei schmale Vasen. Achte darauf, dass die Knospen vollständig geschlossen sind. Stelle sie nebeneinander an einen warmen, nicht zu sonnigen Ort. Notiere die beiden Möglichkeiten, aus denen du wählen willst, jeweils auf ein Stück Papier und lege jedes unter eine Vase. Die erste, vollständig erblühte Rose wird anzeigen, welche Wahl du treffen sollst.

Als ich diese Methode zum ersten Mal ausprobierte, blühten beide Rosen gleichzeitig auf. Wenn dies der Fall ist, beobachte, welche langsamer verwelkt. Es ist ein Hinweis auf die richtige Wahl.

Viele Leute wundern sich, dass man Bäume ebenso gut zu deuten vermag wie Blumen. Diesem Thema wenden wir uns im nächsten Kapitel zu.

X

Baumdeutung

Bäume liefern die meisten Symbole. Dies überrascht nicht. Ein alter Eichenbaum steht ebenso für Kraft wie für Weisheit und Wissen. Eine Espe scheint vor Furcht zu zittern. Eine Palme symbolisiert Wärme und Abenteuer. Ein Obstbaum steht als Sinnbild für Fruchtbarkeit. Ein Baum mag sogar eine Person versinnbildlichen, die mit beiden Beinen im Alltag steht und sich gleichzeitig dem Himmel entgegenstreckt, um geistig zu erwachen.

Die Druiden praktizierten eine Weissagung, für die sie Eichenzweige und Misteln verwendeten. Diese wurden gesammelt und verbrannt. Verbrannten die Pflanzen rasch und der Rauch zog schnell zum Himmel empor, galt dies als positives Zeichen. Stieg der Rauch nicht auf, bedeutete dies nichts Gutes.

Wir werden natürlich keine wirklichen Bäume verbrennen oder analysieren. Die Art der Baumdeutung, mit der wir uns in diesem Kapitel befassen, hat mich seit Jahren begeistert, obgleich sie nur wenigen bekannt zu sein scheint.

Vor mehr als zwanzig Jahren pflegte ich in der Stadt, in der ich lebe, auf einer Art Jahrmarkt die Handlesekunst auszuüben. Jedes Jahr kamen viele Menschen. Mit einigen freundete ich mich an. Zu ihnen gehörte eine Frau mittleren Alters. Sie führte Vakuumreiniger vor und verkaufte sie. In jedem Jahr ließ sie sich am ersten Markttag von mir die Hand lesen.

Nach einigen Jahren erzählte sie mir von ihren Deutungen und bat mich, einen Baum zu zeichnen, um ihn für mich zu interpretieren. In einer freien Minute fertigte ich die Zeichnung an und gab sie ihr. Da wir beide beschäftigt waren, notierte sie ihre Deutung auf ein Stück Papier, das sie mir am folgenden Tag zusteckte. Da ich mich mit Graphologie befasste, war mir bewusst, wieviel wir von uns preisgeben, wenn wir etwas schreiben oder unterzeichnen, was ich aber eher mit Worten als mit Bildern in Zusammenhang gebracht hatte. Ich war verblüfft, welche Einblicke die einfache Zeichnung in meinen Charakter offenbarte.

Die verschiedenen Formen der Deutungssysteme und Charakteranalysen haben mich seit jeher fasziniert, weshalb ich sie bat, mich nach Abschluss des Jahrmarkts zu unterrichten. Sie hatte beabsichtigt, ein kleines Buch über das Thema der Baumdeutung zu schreiben, was ihr streng gläubiger Mann leider verhinderte.

Die Psychologen bedienen sich seit über achtzig Jahren der Methode des Zeichnens. 1926 veröffentliche Florence Goodenough (1886-1959) ihre Erkenntnisse über den Intelligenzgrad von Kindern, indem sie deren Bilder analysierte.[22] Kurze Zeit später begann Emil Jucker Baumzeichnungen zu verwenden, um Menschen zu helfen, ihre Begabung zu finden. Karl Koch, ein Psychiater aus der Schweiz, weitete dieses Konzept beachtlich aus, indem er anhand der gemalten Bäume Schülern half, den geeigneten Beruf zu wählen.[23] 1948 veröffentlichte der Psychologe John Buck seine House-Tree-Person (H-T-P) Projektionstechnik, bei der ein Haus, ein Baum und eine Person gezeichnet wurden.[24] In Japan befassten sich Kimio Yoshikawa und einige Kollegen mit der Baumdeutung.[25] Seit 1987 hat Dr. K. Loganathan von der

---

22 Florence Laura Goodenough, *Measurement of Intelligence by Drawing* (New York:World Book Company, 1926).

23 Karl Koch, *Der Baumtest: Baumzeichenversuch als psychodiagnostisches Hilfsmittel* (Bern, Schweiz: Verlag H. Huber 1957; ursprünglich erschienen 1935).

24 John N. Buck, *The House-Tree-Person Technique* (Los Angeles: Western Psychological Services, 1948).

25 Y. Huzioka und Kimio Yoshikawa. „Image Expression by Tree Test," *Anthropological Standpoint Quarterly Anthropologist* (Tokyo, 1971), 2(3): 3-28).

Universität Sains Malaysia die Arbeit von Kimio Yokshikawa mit seinem „Neuen Baumtest" fortgesetzt. Dabei werden vier Obstbäume gemalt. Bei dem ersten handelt es sich um eine einfache Zeichnung. Der zweite Baum soll möglichst realistisch aussehen. Der dritte ist ein gedachter Baum, und bei dem vierten handelt es sich um ein Phantasiegebilde, das sich von jedem Baum, den man in der Realität findet, völlig unterscheidet.[26]

Eine Baumdeutung erweist sich nicht nur als aufschlussreich, sondern macht auch Spaß. Zeichne einen Baum und analysiere ihn anhand der folgenden zwölf Schritte.

Größe des Baumes

Der erste Schritt besteht darin, die Größe des Baumes im Verhältnis zu dem Blatt Papier, auf das er gezeichnet wurde, zu betrachten. Ein kleiner Baum lässt erkennen, dass der Zeichner vorsichtig, sorgfältig und sparsam ist. Solche Leute kaufen niemals etwas, ohne sich zuvor nach dem preiswertesten Angebot erkundigt zu haben.

Menschen, die große Bäume zeichnen, sind großzügig und bereit, von sich selbst zu geben. Sehr freigebige Personen zeichnen ihre Bäume so groß, dass sie nicht auf das Papier passen. Solchen Leuten fällt es schwer, nein zu sagen.

Anordnung

Ein in der Blattmitte gezeichneter Baum weist auf eine ordentliche Person hin, die zuerst denkt, ehe sie handelt.

Befindet sich der Baum in der oberen Hälfte des Blattes, neigt

---

26 Dr. K. Loganathan, Agamic Psychology: The Baum Test and Hermeneutic Semiotics. Available online at http://www.tamil.net/list/2000-06/msg00061.html (Zugang 18. März 2008)

die Person zur Träumerei. Sie ist ruhelos und benötigt mehr Raum als die meisten Menschen.

Wurde der Baum auf die untere Blatthälfte gezeichnet, handelt es sich um eine fähige, verlässliche und praktisch veranlagte Person, die mit beiden Beinen auf der Erde steht.

Befindet sich der Baum auf der linken Seite, deutet dies auf einen introvertierten Menschen, steht er rechts, ist die Person extrovertiert.

Gelegentlich dreht jemand das Blatt Papier um neunzig Grad, ehe er zu malen beginnt. Diese Person ist unabhängig und tolerant.

Einzelheiten

Einige Leute zeichnen den Baum mit nur wenigen Strichen. Andere fügen eine Menge Einzelheiten hinzu. Eine einfache Skizze deutet auf jemanden, der den Gesamtüberblick bevorzugt und die Einzelheiten anderen überlässt. Dinge bis ins Einzelne auszuarbeiten, lässt auf Perfektionismus und die Freude an genauer Arbeit schließen.

Manche Leute zeichnen den Baum mit so wenigen Strichen, dass man ihn kaum als solchen erkennen kann. Diese Menschen versuchen, ihr wahres Wesen zu verbergen.

Schattierungen

Schattierungen weisen darauf hin, dass es sich um einen nach innen gewandten und ernsten Menschen handelt. Manchmal sieht man einen Baum, der nur teilweise schattiert oder dunkler gefärbt wurde, was darauf schließen lässt, dass die Person in einem bestimmten Lebensbereich Sorgen oder Problemen gegenübersteht. Ein dunkel gefärbter Stamm weist auf häusliche oder familiäre Probleme hin. Schattierte Wurzeln deuten auf Probleme und

Schwierigkeiten in der Vergangenheit. Sorgen um die Zukunft lassen sich an einer dunkler gefärbten Baumkrone erkennen.

Druck

Einige Leute pressen beim Zeichnen den Stift kräftig auf das Papier, andere lassen ihn über das Papier gleiten. Bei einem festen Strich drückt sich die Zeichnung durch das Papier, was die Mentalenergie beweist, die der Zeichner in seine Arbeit legt.

Hierbei handelt es sich um jemanden, der eindringlich, überzeugend, aggressiv, energiegeladen, anspruchsvoll und entschlossen ist. Diese Person besitzt eine enorme Vitalität und liebt es, jede Situation zu beherrschen und zu meistern.

Ein leichter Druck beim Zeichnen weist auf einen sanften, empfindsamen, anspruchslosen, passiven und zurückhaltenden Menschen hin. Er neigt dazu, Konfrontationen zu meiden und arbeitet am besten in einem harmonischen Umfeld.

Die meisten Leute stehen zwischen diesen beiden Extremen, das heißt, sie sind verhältnismäßig selbstsicher, freundlich, offen und umgänglich.

Einige Personen üben bei ein und derselben Zeichnung mal mehr, mal weniger Druck aus, was auf Nervosität schließen lässt. Vielleicht beunruhigt sie die Frage, was man aus ihren Bildern zu lesen vermag.

Form

Die Gestalt der Bäume variiert beträchtlich. Ein großer Baum, wie eine Föhre, weist auf einen positiven, ehrgeizigen Menschen hin, der sich hohe Ziele steckt. Ein Punkt an der Baumspitze bestätigt und bekräftigt dies.

Ein stämmiger, ausladender Baum offenbart, dass der Zeichner gefestigt und mit seinem Leben zufrieden ist.

Ein von Natur aus gönnerhafter Mensch wird im Vergleich zu seiner Höhe einen sehr ausladenden Baum malen. Mütterliche, fürsorgliche Naturen werden einen solchen Baum zu Papier bringen.

Ein Baum, der im Wind zu schwanken oder sich zu beugen scheint, weist auf eine Person hin, die vor Energie strotzt. Sie liebt eine Vielfalt von Aktivitäten.

Basis

Viele Leute malen Bäume, die in der Luft zu schweben scheinen, was auf eine spontane Person hinweist, der es leicht fällt, mit dem Lebensstrom zu schwimmen.

Jemand, der seinen Baum im Boden verankert, empfindet das Bedürfnis nach Beständigkeit und Sicherheit. Ein solcher Mensch bereitet die Dinge gerne vor, um mögliche Überraschungen auszuschließen.

Wird der Boden mit einer wellenförmigen Linie angedeutet, die mit dem Baum verbunden ist oder sich in seiner unmittelbaren Nähe befindet, handelt es sich um eine glückliche und zufriedene Person.

Ein merklich schräger Boden zeugt von Unsicherheit.

Diejenigen, die bewusst oder unbewusst einen Strich unter ihre Vergangenheit gezogen haben, werden eine gerade Linie unter ihren Baum malen.

Ein Baum, der auf einem Hügel steht, zeugt von dem Wunsch nach Aufmerksamkeit. Diese Person möchte gesehen und bewundert werden.

Steht der Baum in einem Topf, kennzeichnet dies einen Menschen, der jederzeit für Veränderungen bereit ist. Er wird das Vergnügen lieben, spontan und bisweilen anstrengend sein.

Wurzeln

Wurzeln weisen auf eine starke Verbindung zur Vergangenheit hin. Frühere Einflüsse spielen noch eine wesentliche Rolle im Leben dieser Person. Gut aussehende Wurzeln deuten auf glückliche Kindheitserinnerungen. Die vergangenen Einflüsse sind noch präsent, stark und unterstützend. Dunkle, hässliche oder knorrige Wurzeln deuten auf unglückliche Kindheitserinnerungen.

Fehlen die Wurzeln, spielt die Vergangenheit im Leben der Person keine große Rolle mehr. Ihre Stärke entspringt dem, was sie heute ist.

Stamm

Der Stamm deutet auf die persönliche Kraft und den bewussten Geist der Person. Ein stämmiger, kräftiger Stamm kennzeichnet einen unabhängigen Menschen, der dem Leben in jeder Situation mutig gegenübertritt.

Ein schlanker Stamm offenbart einen flexiblen, anpassungsfähigen Menschen. Er wird gütig, liebevoll und freundlich sein, sich beugen, kooperieren oder, falls nötig, sogar nachgeben.

Ein gerader Stamm zeugt von einer ordentlichen und in allen Lebensbereichen tüchtigen Person.

Ist der Stamm glatt und wenig markant, weist dies auf jemanden mit einem glücklichen Familienleben hin. Zeigt er sich knorrig, verdreht oder dunkel, ist die Person in ihrem häuslichen Bereich nicht glücklich.

Ein Astloch deutet auf jemanden, der anderen rasch verzeiht. Diese Person akzeptiert den Mitmenschen wie er ist. Handelt es sich um ein dunkles, schraffiertes Astloch, ist sie hart gegen sich selbst.

Ist der Stamm an der Basis gespalten, bedeutet dies, dass die

Person von unangenehmen Erinnerungen aus der Vergangenheit verfolgt wird.

Baumkrone

Eine runde Baumkrone, die einem Apfel gleicht, zeugt von einem zurückgezogenen Menschen, der sich ungern völlig preisgibt.

Eine aufgelockerte Baumkrone, die einer Wolke ähnelt, deutet auf einen freundlichen, glücklichen Menschen, der sein Leben genießt.

Ein Baum mit Ästen, aber ohne Blattwerk, offenbart einen ehrlichen Menschen, der gerne alles fest begründet sieht.

Ein kahler Baum mit herunterhängenden Zweigen zeugt von Traurigkeit und möglicherweise von Depression.

Ein Baum mit Zweigen und Blättern deutet auf jemanden, der sich um das Gesamtbild kümmert.

Weist eine Baumkrone einzelne ausgemalte Blätter auf, liebt die Person Ordnung in ihrem Leben.

Zeigen die Äste himmelwärts, blickt die Person nach vorne, weniger zurück. Sie ist stets daran interessiert, welche neuen Gelegenheiten das Leben ihr bietet.

Zeigen die Äste in verschiedene Richtungen, handelt es sich um einen Menschen, der den gesellschaftlichen Umgang liebt.

Zusätze

Viele Leute schmücken den Baum selbst oder sein Umfeld gerne aus.

Unter dem Baum wachsendes Gras ist sehr beliebt und zeugt davon, dass die Person ein freundliches, einladendes und komfortables Heim wünscht.

Wachsen Blumen unter dem Baum, liebt die Person schöne

Dinge und wird ihr Heim mit attraktiven Gegenständen füllen. Gewöhnlich deutet dies auf einen glücklichen Menschen.

Vögel, Tiere und Menschen zeugen von einer freundlichen, gesellschaftlich orientierten Person.

Früchte und Nüsse auf einem Baum zeigen, dass die Person ihr Zuhause und ihre Familie liebt. Sie muss spüren, dass alles, was sie unternimmt, produktiv und sinnvoll ist.

Strahlt die Sonne auf den Baum, handelt es sich um eine positive, optimistische Person.

Wolken bedeuten, dass die Person im Laufe ihres Lebens eine Anzahl von Enttäuschungen erleben und unglückliche Erfahrungen machen wird.

Eine Schaukel offenbart Lebenslust. Diese Person sucht in allen Lebensbereichen das Vergnügen.

Eine große Anzahl einzelner Blätter zeugen von Überbelastung und Sorgen.

Fällt ein Blatt, eine Frucht oder ein Zweig vom Baum, bedeutet dies Traurigkeit.

Besondere Bäume

Jemand, der einen Weihnachtsbaum malt, offenbart nostalgische, sentimentale Züge und liebt die Tradition. Diese Person freut sich auf alle Arten von Festen.

Eine Palme zeugt von einem ehrgeizigen Träumer. Dieser Person schweben große Dinge vor, die sie dann umzusetzen versucht.

Menschen, die sich traurig und alleine fühlen oder an Vergangenem haften, werden oft Weiden malen.

Johanns Baum

Johann ist sechsundzwanzig Jahre alt und selbstständiger Bauunternehmer. Als Vierjähriger verlor er seine Eltern bei einem Autounfall. Er wuchs bei seiner Großtante auf, die zwar für sein körperliches Wohlbefinden sorgte, aber alles andere vernachlässigte. Man hänselte ihn in der Schule, die er, so früh er konnte, verließ. Nach einigen Jahren mit Gelegenheitsjobs beschloss er, etwas aus seinem Leben zu machen und wurde Bauunternehmer. Er liebt seine Arbeit, und da er gewissenhaft arbeitet, geht es ihm gut. Johann ist niemals eine enge Verbindung eingegangen und Frauen gegenüber ausgesprochen schüchtern. Er ist freundlich, aber im Grunde genommen still und in sich gekehrt. Da er mit einem meiner Söhne befreundet ist, lernte ich ihn kennen. Ich war neugierig, welche Art von Baum er wohl zeichnen würde.

Bei einem zwanglosen Gruppentreffen wurde das Thema Baumdeutung angesprochen. Fast alle Anwesenden zeichneten einen Baum, weil sie etwas über sich erfahren wollten. Johann zögerte zunächst. Im Gegensatz zu den übrigen ging er in ein anderes Zimmer, um dort seinen Baum zu Papier zu bringen.

Dieser sah auf den ersten Blick gut aus. Er stand mitten auf dem Blatt und besaß einen großen, dicken Stamm. Die Zweige glichen aufgeplusterten Wolken, die er jedoch mit kräftigen, ärgerlichen Strichen schattiert hatte. Ein einziger kräftiger Strich verband den Baum in scharfem Winkel mit dem Boden. Er hatte den Baum mit teils leichten, teils kräftigen Strichen gezeichnet.

Der mächtige Stamm zeigte, dass Johann alles, was das Leben ihm entgegenschleuderte, mutig in Angriff nahm. Dies überraschte nicht, denn er hatte früh lernen müssen, auf eigenen Füßen zu stehen. Die flüchtig hingeworfenen, wolkenähnlichen Äste verblüfften mich zunächst, da sie auf eine nach außen orientierte, fröhliche Person hinwiesen. Andererseits offenbarte die dunkle

Schattierung seine Zurückgezogenheit und Ernsthaftigkeit. Die kräftige Linienführung zeigte, dass er zu kämpfen verstand. Die Intensität und die zerfetzten Muster der Schattierung ließen darauf schließen, dass er seinen Ärger und seine Belastung wohl zu verbergen verstand. Die Linie, die seinen Baum mit dem Boden verband, bildete einen rechten Winkel, was seine Unsicherheit erkennen ließ.

Annas Baum

Anna ist eine attraktive fünfundvierzigjährige Frau. Sie trainiert jeden Tag und sieht um Jahre jünger aus, als sie in Wirklichkeit ist. Seit ihrer Scheidung lebt sie mit ihren beiden heranwachsenden Kindern und einem neuen Partner zusammen.

Als ich sie bat, einen Baum zu malen, zeichnete sie eine einzige Linie als Stamm und an dessen oberem Ende einen Kreis, der die Äste darstellen sollte. Ihre Zeichnung ähnelte eher einem Lutschbonbon als einem Baum. Sie hatte ihn im oberen Drittel des Blattes mit flüchtigen Strichen skizziert.

Die leichte Linienführung und die Anordnung des Baumes deuteten auf eine sanfte, empfindsame Person hin, die viel Zeit mit Träumen verbrachte. Seine kleine Größe ließ einen vorsichtigen Menschen erkennen, der zuerst nachdachte, ehe er handelte. Das Fehlen von Einzelheiten zeigte, dass sie den Überblick über eine Situation dem Detail vorzog. Mit dieser Zeichnung brachte Anna ihr Bemühen zum Ausdruck, alles zu ihrer Person zu verbergen, anstatt es zu offenbaren. Die fehlende Basis zeigte ihre spontane Lebenseinstellung. Es gab keine Wurzeln, was bedeutete, dass sie in der Gegenwart lebte und sich wenig um die Vergangenheit kümmerte. Die einzelne Linie, die den Stamm wiedergab, bewies Annas Flexibilität und Kooperationsvermögen. Sie war in der Lage, sich anzupassen oder zu beugen. Der Kreis, der die

Baumkrone darstellen sollte, ließ Annas Verschlossenheit und ihre Vorliebe erkennen, sich bedeckt zu halten.

Anna stimmte dieser Einschätzung zu. „Ich bin recht mitteilsam", meinte sie. „Ich unterhalte mich gerne, obwohl mich etwas in mir zur Zurückhaltung mahnt, ob ich es will oder nicht. Ich bin nicht spontan. Es muss Gründe für mein Handeln geben. Es gab schlechte Zeiten in der Vergangenheit, aber das gehört der Vergangenheit an. Ich denke kaum noch daran. Ich bin glücklich, im Hier und Jetzt zu leben. Wahrscheinlich wäre ich glücklicher, könnte ich mich ein wenig mehr öffnen. Ich denke, ich verstehe mich ganz gut. Im Laufe der Jahre habe ich gelernt, mich anzunehmen wie ich bin."

Ändere deinen Baum, ändere dein Leben

Bist du mit dem, was der Baum über dich enthüllt, nicht zufrieden, kannst du ihn verändern. Es ist nicht einfach, aber machbar. Wähle die Eigenschaften, die du gerne besitzen möchtest, und zeichne bewusst einen Baum, der diesen entspricht. Bist du mit deinem neuen Baum schließlich zufrieden, male mindestens achtundzwanzig Tage lang täglich denselben Baum. Dabei wirst du feststellen, dass du dich allmählich in kleinen Schritten änderst. Schließlich wirst du die Eigenschaften widerspiegeln, die du besitzen möchtest, und sie werden ein natürlicher Bestandteil deines Lebens werden.

Als ich jemanden bat, absichtlich Bäume zu malen, die ihn nicht widerspiegelten, erklärte er mir, dies sei Betrug. Er bezeichnete es als „Schwindel". Ich widersprach. Die Bäume reflektierten die Zukunft, die jene Person anstrebte. Wir alle besitzen die Fähigkeit, unser Leben in vielerlei Hinsicht zu verbessern. Hierbei handelt es sich um eine Möglichkeit, positiven Wandel zu bewirken.

Bäume zu zeichnen und zu deuten, kann hungrig machen.

XI

Aphrodisiaka

Seit alters her hat man nach wirkungsvollen Aphrodisiaka und Liebesträngen gesucht, um potenzielle Liebhaber zu locken und zu verzaubern. Mittelalterliche Kräuterbücher enthalten zahlreiche Rezepte, die sich mit Liebe und Romanze befassen. „Kräutertränke" wurden zur Heilung von Impotenz, Frigidität, Sterilität und anderen Sexualproblemen zusammengestellt. Neben den Tränken betrachtete man auch zahlreiche Nahrungsmittel als „Liebesspeise". Seit Paris der Venus einen goldenen Apfel reichte, verbindet man diese Frucht mit der Liebe. Obwohl die „Frucht des Baumes", die Eva dem Adam reichte, nicht genannt wird, schrieb John Milton in *Das verlorene Paradies*, dass es sich dabei um einen Apfel handelte:

Als ich eines Tages das Feld durchstreifte, erblickte ich in der Ferne einen göttlichen Baum, beladen mit zartfarbenen Früchten, rötlich und golden. Ich ging auf ihn zu, um ihn näher zu betrachten, als mir aus dem Geäst ein süßer Duft entgegenwehte, nach dem mich stärker gelüstete als nach dem süßesten Fenchel und den Zitzen des Mutterschafes oder der Ziege, aus denen die Milch tropft, die von den spielenden Jungen nicht gesaugt wird. Um mein Verlangen nach jenen lieblichen Äpfeln zu stillen, beschloss ich, nicht länger zu zögern. Hunger und Durst, die mächtigen Verführer, verstärkt durch den Duft dieser verlockenden Frucht, drängten mich heftig. Bald wand ich mich um den bemoosten Stamm, denn die Äste ragten hoch über dem Boden empor. Alle anderen Tiere schauten ebenso verlangend und neidisch zu, aber so hoch konnten sie nicht reichen. Mitten im Baum hing eine Fülle von Früchten. Die Verlockung so nah, pflückte ich sie und aß mich satt, denn bis zu jener Stunde hatten mir weder Nahrung noch Quelle einen solchen Genuss bereitet.

Freud assoziierte den Apfel und alle runden Früchte mit der Brust. Da der Apfel möglicherweise bis auf Adam und Eva zurückgeht, könnte man ihn als das erste Symbol der Liebe bezeichnen. Der Dichter und Satiriker Horaz (65-8 v. Chr.) beschrieb eine Art von Liebeszauber, bei dem Apfelkerne verwendet wurden. Der Liebhaber schnipste den Kern mit Daumen und Zeigefinger an die Decke. Traf dieser die Decke, wurde seine Liebe erwidert.[27]

Als im 16. Jahrhundert die Tomate aus Mexiko nach Europa eingeführt wurde, nannte man sie aufgrund ihrer angeblich erotisierenden Eigenschaften den „Liebesapfel". Nachdem Oliver Cromwell die Macht ergriffen hatte, missbilligten die Puritaner den Verzehr dieser „Liebesäpfel", da sie die Unsterblichkeit unterstützten. Um sicherzustellen, dass sie nicht länger gegessen wurden, verbreiteten sie das Gerücht von ihrer Giftigkeit. Bis ins 19. Jahrhundert aßen nur wenige Leute Tomaten.

Der Trüffel, ein Pilz, der unter Baumwurzeln wächst, galt seit der Römerzeit als Aphrodisiakum. Der französische Schriftsteller Anthelme Brillat-Savarin schrieb, dass Trüffel die „erotischen und feinschmeckerischen Vorstellungen in den sinnlich getragenen Petticoats wie in dem bärtigen Teil der Menschheit" weckt.[28]

Die Griechen waren von der aphrodisierenden Wirkung der Zwiebel überzeugt, die sie den Pilzen absprachen. Letzteres lag wahrscheinlich daran, dass es sich um heilige Pflanzen handelte.

---

27 Horaz, *The Satires of Horace and Persius* (London: Penguin, 1973), 2:3.
28 Anthelme Brillat-Savarin, *The Physiology of Taste* (London: Constable and Company, 1960). Ursprünglich in französischer Sprache unter dem Titel *La Physiologie du Goût* 1825 veröffentlicht

Die Römer verwendeten Bohnen als Aphrodisiakum, weshalb es den asketischen Anhängern des Pythagoras angeblich nicht erlaubt war, sie zu essen.

Bei den Chinesen gilt Ginseng seit Jahrtausenden als Aphrodisiakum. In der heutigen Zeit wird die Wurzel verbreitet im Internet angeboten, was auf die Nachfrage schließen lässt.

Im Elisabethanischen England wurden Karotten, Kartoffeln, Datteln und Quitten als Potenzmittel gepriesen. In seinem 1597 veröffentlichten *Herball* schrieb John Gerard über die Möhre, dass sie „Liebesangelegenheiten dient". In den Bordellen jener Zeit wurden den Klienten kostenlos Pflaumen angeboten, um ihr Ziel zu erreichen.[29]

Wie man einen Partner anlockt

Baldrian, mit seinem angenehmen Duft, verwendete man jahrhundertelang dazu, Freier anzulocken. Eine alleinstehende Frau konnte sich der Aufmerksamkeit eines Verehrers sicher sein, wenn sie einen kleinen Baldrianzweig bei sich trug. Diese Pflanze scheint auch Tiere anzuziehen, denn der Rattenfänger von Hameln lockte die Ratten mit Hilfe von Baldrian aus der Stadt.

Junge Frauen wussten, dass sie eine Paste aus Fingerhut und Belladonna auf die Augenlider einen schlafenden Mannes streichen mussten, damit er ihnen einen Heiratsantrag machte, sobald er erwachte.

Laut einer alten Weissagung soll man am Vorabend des Johannistages, um Mitternacht, zwölf Salbeiblätter pflücken. Der zukünftige Partner wird in dem Augenblick erscheinen, in dem das zwölfte Blatt gebrochen wird.

---

29 Edward S. Gifford, *The Charms of Love* (London: Faber and Faber, 1962), 186.

Legt man einen Rosmarinzweig und eine Münze unter sein Kopfkissen, wird man im Traum seinen zukünftigen Partner sehen.

Umrundet man neun Mal einen Birnbaum rückwärts, wird das Bild des Zukünftigen erscheinen.

Die Römer glaubten, dass Frauen ihren zukünftigen Liebhaber zu sehen vermochten, wenn Rosenblätter auf das Grab eines Mannes gestreut wurden.

Eine interessante Variante besteht darin, eine Orange rundherum mit einer Nadel anzustechen, sie in die linke Achselhöhle zu legen und damit zu schlafen. Am nächsten Morgen gibt man die Orange der Person, die man anbetet. Verzehrt sie die Frucht, kann man sich ihrer Liebe sicher sein.

Wie man die Wahrhaftigkeit seines Partners sicherstellt

Wenn ein junger Mann in seinem Knopfloch Belladonna trägt, das ihm die Liebste gab, wird er nicht lügen können.

Wie man die Treue seines Partners sicherstellt

Polnische Bräute pflegten Erde aus der Fußspur ihres Mannes zu graben, in einen Blumenkasten zu füllen und Ringelblumensamen hineinzulegen. Solange die Blumen blühten, blieb der Ehemann treu. Natürlich musste man die Blumen immer wieder erneut säen.

Einer walisischen Tradition zufolge wurde ein Zweig Zitronenmelisse geteilt, und jeder Partner trug eine Hälfte in einem Stoffsäckchen als Talisman bei sich, was die Treue gewährleistete.

Eine ähnliche Überlieferung besagt, dass die Ehe halten wird, wenn sich das frisch vermählte Paar einen Lorbeerzweig teilt und jeder die Hälfte bei sich trägt.

Italienische Mädchen verwendeten Kreuzkümmel, um die Treue ihres Partners sicherzustellen. Musste der Geliebte sie für längere Zeit verlassen, pflegte die junge Frau ihm ein mit Kreuzkümmel gewürztes Brot zu backen. Um ganz sicherzugehen, fügte sie eine Flasche Wein hinzu, dem sie Kümmelpulver zugesetzt hatte.

Der Überlieferung zufolge hängte die Jungfrau Maria auf der Flucht nach Ägypten ihren Umhang über einen Rosmarinbusch. Die zuvor weißen Blüten nahmen augenblicklich das Blau des Mantels an. Wenn eine Braut demnach ihrem Ehemann auf der Hochzeitsreise einen Rosmarinzweig schenkt, wird er ihr treu bleiben und allen Versuchungen widerstehen.

Wiederbelebung erloschener Leidenschaft

Schwindet in einer Beziehung das sexuelle Verlangen, hilft vielleicht ein mittelalterliches deutsches Mittel. Die Ehefrau muss zu neun verschiedenen Gelegenheit einen Laib Brot backen und jedesmal eine kleine Menge des Teiges zurückbehalten. Aus diesen neun Stückchen Teig backt sie ein Brötchen und reicht es ihrem Mann zum Verzehr, was dem Paar angeblich zweite Flitterwochen bescheren soll.

Einen abtrünnigen Partner zurückgewinnen

Hat dich dein Liebster verlassen, kannst du seine Rückkehr bewirken, indem du am Vorabend des Johannistages drei rote Rosen pflückst, von denen du eine unter einer Eibe vergräbst, die zweite in einem frisch ausgehobenen Grab versenkst und die dritte unter dein Kopfkissen legst. Nach drei Nächten wird dein Geliebter dich jede Nacht im Traum erblicken. Die Träume werden immer intensiver werden, bis er schließlich zu dir zurückkehrt.

Liebeszauber

Den richtigen Partner anzulocken, ist die eine Sache, ihn zu halten, eine andere. In Europa trugen junge Frauen Bockshornklee um den Hals, wenn sie mit ihrem Freund zusammen waren. Dies bewahrte seine Treue und hinderte ihn daran, sich nach anderen Frauen umzuschauen. Das Bett mit Poleiminze zu bestreuen, galt als Liebeszauber. Bananen und Karotten hat man aufgrund ihrer Ähnlichkeit mit einem Phallus zu demselben Zweck verwendet.

Die alten Römer glaubten, dass der Duft von brennendem Eisenkraut und Weihrauch selbst die kälteste Frau erregte.

Aphrodisiaka

Dem Knoblauch wurde stets eine starke Wirkung zugesprochen, da er das Blut reinigt und die Vitalität steigert.

In China gilt seit jeher der Ginseng als Potenzmittel.

Shakespeare schien die erotische Wirkung des Kümmels zu preisen, wenn er in *Heinrich IV, zweiter Teil* (Akt 5, Szene 3) Shallow sagen lässt: „Im Obsthain werden wir einen Apfel vom letzten Jahr aus meiner eigenen Ernte essen, zusammen mit einer Schale Kümmel und so fort: Komm` Vetter Silence: Und dann ins Bett."

In den Erzählungen aus „*Tausendundeiner Nacht*" wird Koriander als Aphrodisiakum erwähnt. In der Renaissance war es üblich, die Samen zu demselben Zweck einzusetzen.

Die Griechen betrachteten den Granatapfel als Symbol der Fruchtbarkeit und Liebe. Sie ließen junge Frauen seine Samen essen, da sie glaubten, diese förderten die Wollust.

Eine Anzahl von Gemüsepflanzen, wie Salat, Zwiebeln, Kartoffeln, Radieschen und Tomaten, wurden ebenfalls als Potenzmittel betrachtet.

Reinheit

Frauen, die bereuten, ihre Keuschheit verloren zu haben, konnten diese wiederherstellen, indem sie sich in ein Bad setzten, dem eine Schwarzwurzessenz beigefügt wurde.

Schwangerschaft

Man glaubte, Salbeiwein verstärke die Fruchtbarkeit der Frau. Hippokrates (ca. 460-377 v. Ch.) empfahl den Frauen, nach einem großen Menschenverlust, wie durch einen Krieg, diesen Wein zu trinken, um die Bevölkerungszahl zu erhöhen.

Eine Frau, der man eine Petersilienpflanze schenkt, soll angeblich nach zwölf Monaten schwanger werden.

Ingwer wurde als Heilmittel für jene Frauen betrachtet, die nicht zu empfangen vermochten. In China reicht man Frauen, die ihr erstes Kind geboren haben, heißen Ingwerwein.

Es ist nun an der Zeit, die Welt der Naturgeister zu betrachten. Viele Menschen glauben, dass sie sich um die Pflanzenwelt kümmern und für deren Schönheit und Leben verantwortlich sind.

XII

Blumenelfen

Die Menschen haben schon immer an jene Schar unsterblicher Wesen geglaubt – die Naturgeister. Man denkt sie sich im Allgemeinen als winzige Kreaturen in Menschengestalt. Einige Naturgeister sind von unsagbarer Schönheit, während andere, wie die Zwerge und Kobolde, gewöhnlich hässlich aussehen. In der europäischen Volkskunde des Mittelalters gibt es zahlreiche Geschichten über sie. Zwerge, die so genannten *Heinzelmännchen*, leben in Deutschland, werden aber nur selten beobachtet. Wunderschöne Feen, die *wilden Frauen*, sind in Österreich angesiedelt. Sie lieben Kinder, und man sagt ihnen nach, Säuglinge zu stehlen, wenn deren Eltern einen Moment nicht achtgeben. In der Schweiz leben freundliche Naturgeister, die so genannten *Hügelmänner*. Sie helfen den Menschen und verschenken manchmal Käse. Dieser Käse erweist sich als besonders nützlich. Wird ein Stück von ihm gegessen, vervollständigt er sich selbst erneut zu einem ganzen Laib.[30]

In Persien gab es eine endlose Fehde zwischen zwei Elfen-Gattungen, den *deeves* und den *peris*. Die Peris traten den Menschen freundlich gegenüber, und die weiblichen Peris sollen so wunderschön gewesen sein, dass selbst ein Dichter sie nicht zu beschreiben vermochte. Die arabischen *genii* oder *djinns* sind wohlbekannt. Der Mensch kann sie in Gegenstände, wie etwa Lampen, einschließen und sie herbeirufen, wenn er an dem Gefäß reibt.

---

30 Julian Franklyn (Herausgeber), *A Dictionary of the Occult* (New York: Causeway Books, 1973), 99.

Trolle sind die Unruhe stiftenden Zwerge Skandinaviens. In Norwegen gibt es gutmütige und boshafte Naturgeister.

Die Menschen haben immer schon an den geistigen Aspekt von Blumen und Pflanzen geglaubt, der sich ihnen in unterschiedlicher Form zeigt. Jeder einzelne Geist hat seine eigene Aufgabe zu erfüllen. Für einige Leute mag die Vorstellung eines parallel laufenden Universums verwirrend klingen, doch diejenigen, die Elfen und Naturgeister gesehen und mit ihnen gearbeitet haben, empfinden es als vollkommen natürlich, dass alle Lebewesen ein geistiges Bewusstsein besitzen.

Die Blumenelfen sind wahrscheinlich die schönsten Naturgeister. Ihre Aufgabe besteht darin, sich um ihre Pflanze zu kümmern und den Menschen zu ermutigen, mit allen Geschöpfen in Harmonie zu leben. Mache Blumenelfen kümmern sich um die gesamte Pflanze, während andere nur für eine einzelne Blüte verantwortlich sind.

Diese Wesen haben in der Volkskunde und Literatur vieler Länder eine wesentliche Rolle gespielt. Im 16. und 17. Jahrhundert kümmerten sich in England die Elfen um die Bedürfnisse des Elfenkönigs und der Elfenkönigin. Ende des 19. Jahrhunderts hatte sich der Schwerpunkt verschoben und man glaubte, Blumenelfen sorgten für die wunderschönen Farben der Blumen und deren angenehmen Duft, der die Nachtluft erfüllt. Außerdem beschützten sie junge Liebespaare und gewährleisteten die Fruchtbarkeit der gesamten Gegend. Andererseits vernichteten sie das Getreide, wenn sie sich von den Menschen übergangen oder beleidigt fühlten.

Das Wort *fairy* stammt von dem lateinisches Wort *Fataba* ab, was „Schicksalsgöttin" bedeutet. Das Wort *fey*, hellsichtig sein, entspringt derselben lateinischen Wurzel. Als ich in Schottland lebte, stellte ich fest, dass viele Leute dort das Wort „fey" verwendeten, um jemanden zu beschreiben, der dem Tode entgegenblickt.

Man glaubt, die Blumenelfen tragen die gleichen Farben wie ihre Blumenschützlinge. Eigentlich verhält es sich umgekehrt. Die Blumen leuchten in denselben Farben wie ihre Elfe.

Die Primel hat man immer besonders geschätzt, was zum Teil daran liegt, dass sie im Frühling als erste Blume blüht. In Irland werden sie in den Vorgarten gepflanzt, um Glück anzuziehen und üble Kräfte abzuwehren. Ein Schlüsselblumenstrauß muss mindestens dreizehn Blütenstengel enthalten. Weniger bedeutet bevorstehendes Unglück. Ein englisches Volksmärchen erzählt von einem jungen Mädchen, das Schlüsselblumen pflückte und sich dabei im Wald verirrte. Sobald sie die dreizehnte Blume gebrochen hatte, erschienen Hunderte gelber Elfen, die sie auf ihrem Heimweg begleiteten und sie außerdem reichlich beschenkten. Als einer ihrer Nachbarn die Geschichte erfuhr, wurde er neidisch und beschloss, die Elfen selbst aufzusuchen. Unglücklicherweise pflückte er weniger als dreizehn Blumen und kehrte niemals nach Hause zurück. Einer anderen Legende zufolge wird jemand, der alleine im Wald Hyazinthen pflückt, so lange von den Elfen festgehalten, bis einer seiner Lieben nach ihm Ausschau hält.

Da Elfen in Bäumen wohnen, ist es wichtig, diese respektvoll zu behandeln. Angeblich bevorzugen sie den Weißdorn, lieben aber auch andere Bäume, wie Erlen, Eschen, Birken, Holunder und Ebereschen. In der spirituellen Tradition kannte man Baumelfen oder Waldnymphen unter dem Namen *Hamadryaden* oder Dryaden. Hierbei handelt es sich um verspielte Elfen, die es lieben, den Menschen zu helfen oder sie bisweilen zu necken. Bei Vollmond zeigen sie sich besonders aktiv. Dryaden sorgen für ihren Baum und sterben, wenn dieser gefällt wird.[31]

Die Frühlingstagundnachtgleiche erweist sich als der beste Zeitpunkt, um mit Elfen Kontakt aufzunehmen. Nach ihrem langen

31 Vgl. Tiziana Mattera, Das Baumgeister-Orakel, Grafing 2009

Winterschlaf erwachen sie und unterstützen die alljährliche Wiedergeburt der Natur.

Devas

Der Begriff *deva* stammt aus dem Sanskrit und bedeutet „Der Leuchtende". Devas übermitteln die Lebenskraft der Natur. Es gibt einen Eichenbaum-Deva, einen Karotten-Deva, einen Ananas-Deva und so fort. Blumenelfen oder Naturgeister sind eher regional vertreten. Die Energien eines Apfelbaumes in China, Neuseeland oder den Vereinigten Staaten sind dieselben, da sie alle mit dem Apfel-Deva in Verbindung stehen. Mit anderen Worten, die Energien dieser lichten Wesen sind international. Die Naturgeister unterstützen ihre Arbeit, um zu gewährleisten, dass jede Region der Welt versorgt wird.

Der amerikanische Botaniker George Washington Carver (1864-1943) arbeitete eng mit Naturgeistern zusammen und lernte von ihnen alles Nötige für die sinnvolle und praktische Verwendung der Erdnuss.

Der berühmte Findhorn-Garten in Schottland entwickelte sich in den siebziger Jahren des 20. Jahrhunderts und bietet ein hervorragendes Beispiel für Menschen, die mit der Energie der Devas arbeiten. Die von Machaelle Small Wright ebenfalls in den Siebziger Jahren gestalteten Perelandra Gärten sind zwar weniger bekannt, aber ebenso erfolgreich. Perelandra liegt etwa hundert Kilometer südwestlich von Washington, DC, in den Ausläufern des Blue Ridge Gebirges in Virginia. Es umfasst fünfundvierzig Morgen Land mit Feldern, Wäldern, Flüssen und Gärten. Als Machaelle ihren Garten anlegte, meditierte sie jeden Tag, um eine Verbindung zur Deva-Welt herzustellen. Sie wurde auf einen Deva aufmerksam, der sich vorstellte und sie unterrichtete, welche Samen sie kaufen und welche Düngemittel sie verwenden sollte, wohin die Samen in welchem Abstand zu säen, wie die Pflanzen auszudünnen waren und alles andere, was sie wissen musste. Nach einer gewissen Zeit stellte sie fest, dass sie die Schwingung der einzelnen Devas differenzieren und denjenigen Deva anrufen konnte, mit dem sie zu sprechen wünschte.

Im Laufe der Arbeit mit ihrem Garten entdeckte Machaelle eine völlig neue Art, mit Heilenergien umzugehen. Sie nennt dies „cokreative Wissenschaft", die Wissenschaft, in bewusstem Einklang mit den Naturintelligenzen zu wirken. Perelandra ist der Öffentlichkeit nur einmal im Jahr zugänglich, da der Garten in erster Linie der Naturerforschung dient.

Elementale

Unter Elemental versteht man den jeweiligen geistigen Aspekt der vier Elemente Feuer, Erde, Luft und Wasser. Manche Leute nennen *alle* Naturgeister Elementale, obwohl sich der Begriff ausschließlich auf den Geist der vier Elemente beziehen sollte. Der bekannte Schweizer Alchemist und Arzt Paracelsus (1493-1541) sprach von Salamander (Feuer), Gnomen (Erde), Sylphen (Luft) und Undinen (Wasser). Sie leben in einem Universum zwischen der geistigen und der materiellen Welt und strömen magische Energien aus, die von den Menschen kanalisiert und genutzt werden können.

Salamander, die Elementale des Feuers, halten sich in Feuern und Regionen vulkanischer Aktivität auf. Es handelt sich um drachenähnliche Wesen, die in den Flammen leben. Man sieht sie oft als Funken oder farbige Blitze. Das Wort Salamander stammt von dem griechischen Wort *salambe* und bedeutet „Feuerstelle". Das Feuer-Element steht mit Ehrgeiz, Karriere, Energie, Zielstrebigleit, Leidenschaft und Sex in Zusammenhang. Salamander können ihre Gestalt ebenso rasch verändern wie das Feuer selbst. Man kann sie in Sachen Mut, Kreativität, Inspiration und Läuterung um Hilfe bitten, indem man vor einer brennenden Kerze meditiert.

Gnome, die Elementale der Erde, tauchen in Märchen oft als Zwerge auf, die unter der Erde leben. Das Erd-Element steht mit Nahrung, Gesundheit, Erhaltung und Reichtum in Zusammenhang. Gnome kümmern sich um die Erdschätze, wie Kristalle und Edelsteine. Das Wort *Gnom* leitet sich von dem griechischen Wort *genomus*, „Erdbewohner", ab. Man nennt sie auch Kobolde. Sie können um Hilfe gebeten werden, wenn es um Erdmagie, Fruchtbarkeit, Kräuterheilung, Wohlstand und Schutz geht. Will man mit ihnen Verbindung aufnehmen, geschieht dies am besten im Freien. Bittet man das Erd-Elemental um Hilfe, wäre es ratsam, dabei einen Kristall in Händen zu halten.

Sylphen, die Elementale der Luft, sind geflügelte Wesen, die auf den Berggipfeln leben. Man kann sie häufig in den Winden, den Wolken, im Regen, in Stürmen und Schneeflocken finden. Das Wort *Sylphe* kommt von dem griechischen Wort *silphe*, was „Schmetterling" bedeutet. Das Luft-Element steht mit Kommunikation, Erziehung, Musik, Gedanken und Weisheit in Zusammenhang. Sylphen kann man mit Hilfe von Räucherwerk und Duftölen herbeirufen. Sie reagieren ebenfalls auf Musik und gewähren Unterstützung, wenn es sich um Kommunikation, Lernen und Reisen handelt.

Undinen, die Elementale des Wassers, leben im Wasser. Man findet sie häufig in Wasserfällen, Quellen und Strömen, aber auch in Flüssen, Seen, Meeren und überall dort, wo es Wasser gibt. Undinen sind anmutige Geschöpfe und ähneln den Meerjungfrauen. Das Wort Undine stammt von dem lateinischen *unda* ab und bedeutet „Welle". Das Wasser-Element steht mit Träumen, Emotionen, Intuition und Imagination in Zusammenhang. Undinen kann man auf dem Wege des Kristallschauens anrufen. Heute denkt man dabei gewöhnlich an eine Kristallkugel, ursprünglich aber blickte man unverwandt in einen klaren See. Undinen helfen bei Angelegenheiten wie: Kinder, Familienleben, Liebe, seelische Entwicklung, Beziehungen und Sex. Kontakt zu ihnen aufzunehmen, geschieht am einfachsten, wenn man am Wasser verweilt und ihnen vielleicht einen kleinen Blumenstrauß schenkt. Undinen setzen sich mit dir über deine Emotionen in Verbindung.

Die Schamanen aller Kulturkreise erfahren die Elementale, indem sie sich in einen anderen Bewusstseinszustand versetzen, gewöhnlich durch Trommeln oder Tanzen. Die meisten Menschen westlicher Kultur ziehen es vor, in entspanntem oder meditativem Zustand mit den Elementalen Verbindung aufzunehmen, bis diese vor ihrem geistigen Auge erscheinen.

Mit Feen in Verbindung treten

Feen können unberechenbar sein. Man muss sich ihnen vorsichtig nähern. Als ich in den Sechzigern in Cornwall lebte, warnte man mich, keine abgelegenen Waldgebiete aufzusuchen, um nicht von Feen, Elfen und Kobolden gefangengenommen zu werden. Selbst in kleinen Baumhainen verirrten sich die Leute hoffnungslos und vermochten kaum zu entfliehen. In jener Gegend galt der Rat, seinen Mantel oder seine Jacke von innen nach außen zu drehen, den rechten Schuh an den linken Fuß zu ziehen und mit diesem Fuß dreizehn Mal zu hüpfen – das werde den Zauber brechen.

Ernest Thompson Seton (1860-1946) schrieb ein wunderschönes Gedicht mit dem Titel „Der Weg ins Feenreich":

Hast du den Weg ins Feenland gefunden?
Ich sage dir, es ist recht einfach.
Warte, bis ein gelber Mond aufgeht,
Über einem purpurfarbenen See
Und einen leuchtenden Pfad vergoldet,

Der wie ein Diamant funkelt.
Dann, wenn keine böse Kraft in der Nähe,
Deinen Plan boshaft zu vereiteln,
Und wenn du die rechten Worte weißt,
Einen machtvollen Zauberspruch zu sprechen,
Gelangst du zu einem Weißdornbusch,
Und wenn der Wind günstig steht,
Segelst du ins Feenland,
Entlang dieser Spur des Lichtes.

Die Morgen- und die Abenddämmerung sind die besten Zeiten, um Feen zu begegnen. Laut Volkskunde gibt es eine Mischung, die man auf die Augenlider tupft, um diese Wesen klarer erkennen zu können. Lege eine Rose, eine Ringelblume und deine Lieblingsblume in ein halb mit Wasser gefülltes Gefäß. Füge drei deiner Lieblingskräuter hinzu und stelle es draußen in die Sonne. Nach drei Tagen kannst du morgens und abends ein wenig von der Flüssigkeit auf die Augenlider tupfen. Spaziere durch den Garten, halte hin und wieder inne und bewundere, was dir ins Auge fällt. Mit viel Glück wirst du einige Blumenelfen sehen.

Obwohl du dich auf die Suche nach dem Feenland machen kannst, ist es sicherer, in Träumen und Tagträumen Kontakt zu den Feen aufzunehmen, da viele Leute, die das Elfenreich betreten haben, nicht mehr zurückkehrten. Setze oder lege dich in einer bewaldeten Gegend, in der du ungestört sein kannst, neben einen Baum. Schließe die Augen und atme dreimal tief ein. Entspanne deine Muskeln. Fühlst du dich an deinem Platz vollkommen sicher, lasse die Augen geschlossen. In einem öffentlichen Park solltest du beim Tagträumen die Augen offen halten.

Sinne über die Elfen und andere Naturgeister nach. Sind deine Augen geöffnet, blicke umher und konzentriere dich auf eine Blume oder ein Blatt in deiner Nähe. Sind sie geschlossen, stelle dir eine einmalig schöne Blume vor. Früher sah ich eine rosa Rose vor mir, seit kurzem sind es Orchideen.

Träume mit offenen Augen und ganz ohne Anstrengung von Elfen. Lasse deinen Geist dahingleiten. Sobald du bemerkst, dass du an etwas anderes denkst, lenke deine Aufmerksamkeit sanft auf deinen Wunsch zurück, mit den Elfen Zwiesprache zu halten.

Vielleicht spürst du nach einer Weile innerlich eine Botschaft aus ihrem Reich. Verhalte dich möglichst ruhig und beobachte, was geschieht. Du wirst entdecken, dass du dich telepathisch mit ihnen zu unterhalten und das Gespräch in jede Richtung zu lenken vermagst. Doch sei vorsichtig. Elfen können mutwillig und nicht immer wahrheitsgetreu sein. Danke ihnen für ihre Arbeit mit der Natur. Verabschiede dich von ihnen, wenn die Unterhaltung beendet ist, und lasse dir einen Augenblick Zeit, bis du in deinen Alltag zurückkehrst.

Nennst du einen Garten dein eigen oder auch nur eine Topfpflanze, kannst du Elfen anziehen, indem du deine Pflanzen mit Liebe und Aufmerksamkeit überschüttest. Auf diese Weise lockst du die Elfen in deinen Garten. Sprich mit ihnen über deine Pflanzen und bitte sie, sich um diese zu kümmern. Beschreibe die wunderschönen Farben, ihren Zustand, ihr Wachstum und alles, was dir einfällt. Die Elfen werden darauf reagieren und das Wachstum der Pflanzen unterstützen. Die lebendigen Blumenfarben werden an Leuchtkraft zunehmen. Bitte sie um Vorschläge, auf welche Weise du selbst dazu beitragen kannst, ihr Gedeihen zu unterstützen. Behandele jede Pflanze in deinem Garten mit Liebenswürdigkeit. Dies gilt sogar für Unkraut. Wenn du ein Kraut aus dem Boden ziehst, gehe sanft vor und kompostiere es, damit es nicht vergeudet wird.

Gehst du für eine Weile fort, lasse es die Naturgeister wissen und sage ihnen auch, wann du wiederkommst. Bist du zurückgekehrt, gehe möglichst bald in deinen Garten. Sollte dich die Reise ermüdet haben, wirst du dich neu belebt fühlen, sobald du dich mit ihnen unterhältst.

Naturgeister fühlen sich besonders an jenen Orten wohl, denen Liebe, Respekt und Ehrerbietung entgegengebracht werden. Im nächsten Kapitel werden wir auf die Schaffung eines Naturschreins eingehen.

XIII

Die Schaffung eines Naturschreins

Gärten hat man stets als heilige Orte betrachtet und den „Garten Eden" als eine Form des Paradieses. Jesus verbrachte seine letzte Nacht in einem Garten. Als Maria Magdalena wenige Tage später mit ihm sprach, geschah dies ebenfalls in einem Garten. Sie glaubte, er sei der Gärtner. Die alten Griechen liebten ihre Gärten und genossen die stille Zwiesprache mit der Natur. Philosophen, wie Epikur (341-270 v. Chr.), lehrten ihre Studenten in diesem ruhigen, friedlichen und spirituellen Umfeld, das die Konzentration und Lernfähigkeit förderte.

Sucht man sich den entsprechenden Ort aus, kann man mit Bäumen, Blumen und der gesamten Natur kommunizieren. Lebt man in einer Stadtwohnung, besuche man einen Park oder ein Naturreservat. Lebt man auf dem Land oder besitzt einen Garten, vermag man jederzeit Zwiesprache mit der Natur zu halten, wenn man sich im Freien aufhält. Zimmerpflanzen genügen ebenfalls, besonders bei schlechtem Wetter.

Jeder Mensch benötigt den Kontakt zur Natur. Im Wald oder am Ufer eines Sees zu spazieren, lässt uns einen klaren Blick für die Dinge gewinnen und erkennen, was im Leben wirklich wichtig ist. Nimm dir Zeit, wenn du mit der Natur Verbindung aufnimmst. Beobachte den Vogelflug, den Schatten, den die Bäume werfen, die geschäftigen Bienen und die Farben der verschiedenen Pflanzen. Vielleicht kehrst du nur mit einem Kieselstein nach Hause zurück. In Wirklichkeit jedoch wirst du in deinem Herzen und in deiner Seele einen unbezahlbaren Schatz tragen, der jeden Aspekt deines Seins nährt.

Viele Menschen empfinden es als hilfreich, ihren eigenen, ganz speziellen, sehr persönlichen Naturschrein aufzusuchen, was zur spirituellen Erfahrung werden und Körper, Geist und Seele erneuern kann. Hinzu kommt, dass sich der selbst geweihte Ort besonders gut zur Ausübung von Divination und Meditation eignet.

Die Größe und Gestaltung deines Naturschreins bleiben dir überlassen. Einige meiner Freunde haben ihren winzigen Garten hinter dem Haus in eine Oase des Friedens und der Schönheit verwandelt. Wir kennen Farmer, die aus einem Stückchen Wildnis einen reizvollen Ort gezaubert haben, an den sie sich zurückziehen können, wenn sie Ruhe und geistige Erneuerung suchen. Die Größe eines solchen Bereichs spielt keine Rolle.

Kürzlich sprach ich mit einer Frau, die einen Teil ihres Gartens in eine „Feen-Grotte" verwandelt hat. Darin finden sich Elfen-, Gnomen- und Pilz-Figuren. In den Baumzweigen hängt buntes Glas und in der Mitte gibt es einen Gemüsegarten. Ursprünglich wurde das Ganze für die vierjährige Tochter angelegt, aber inzwischen ist die Mutter überzeugt, dass sich dort Devas und Naturgeister ihr Stelldichein geben, da in diesem Teil des Gartens alles wunderbar und mühelos wächst. Natürlich wird dieser Bereich zunehmend größer.

Vor einiger Zeit besuchte ich eine Frau, die in einem abgelegenen Bereich ihres Privatbesitzes einen japanischen Garten angelegt hat. Sobald sie ihn betritt, fühlt sie sich völlig entspannt. Sie fühlt die beruhigende Wirkung dieses Ortes sogar dann, wenn sie fern von Zuhause aus an ihn denkt.

Dein geweihter Ort mag sich nicht einmal auf deinem eigenen Grundstück befinden. Vielleicht ist es nur ein kleiner Winkel in einem Park. Es spielt keine Rolle, wenn fremde Leute hindurchgehen. Du wirst kaum Notiz von ihnen nehmen.

Allein deine Anwesenheit kann dem Ort eine gewisse Weihe verleihen. Während der stillen Zeiten, die du dort verbringst, wirst du ihn allmählich mit deiner geistigen Energie erfüllen. Mit der Zeit wird dieser Bereich immer spezieller und heiliger für dich werden.

Du kannst den Vorgang mit Hilfe einer Zeremonie beschleunigen. Verbrenne süße Kräuter dort, singe Lieder oder trommele, um Engel, Feen und Naturgeister anzulocken. Du kannst eine spezielle Zeremonie abhalten, bei der du Kuchen isst und Wein trinkst. Vielleicht zündest du eine Kerze an, gefolgt von einer Divination. Du magst einen Altar aufbauen und davor beten, meditieren oder ein Ritual durchführen. Wähle eine, zwei oder sogar alle Möglichkeiten, um dein Refugium zu weihen.

Räuchern

Seit Jahrtausenden werden Kräuter und Gewürze zur Reinigung und Läuterung von Menschen, Gegenständen, Räumen und Orten im Freien verbrannt. Diese Vorgang besitzt eine machtvolle Wirkung. Der Kräuterduft regt die Sinne an, und der Anblick des himmelwärts steigenden, süßlich duftenden Rauchs erinnert daran, dass du den Ort weihen willst.

Es können beliebige Kräuter gewählt werden. In den Vereinigten Staaten verwendet man am häufigsten Salbei zu diesem Zweck. Man kann Zeder, Wacholder und Süßgras hinzufügen. In Großbritannien und Nordirland nimmt man Lavendel, Beifuß und Rosmarin. Die Kräuter werden einzeln oder als Mischung verbrannt.

Sei vorsichtig und verwende ein feuerfestes Gefäß, denn die Kräuter können sehr heiß werden. Sobald sie brennen, benutze einen Fächer oder eine Feder, um den Rauch zu verteilen. Man sollte nicht blasen, da jede im Körper angesiedelte Negativität auf diese Weise in die Kräuter übergeht.

Anstatt die Kräuter zu verbrennen, kann man einen Räucherstab verwenden, bei dem die Kräuter mit einem Baumwollfaden zusammengebunden sind. Der Vorteil liegt darin, dass man während des Räucherns den zu weihenden Bereich umrunden kann.

Singen und trommeln

Der Klang eignet sich ebenfalls dazu, seinen Bereich zu weihen. Der Schamane erreicht dies gewöhnlich durch rhythmisches Trommeln. Man kann jedes Instrument, wie Klappern, Glocken und Zimbeln, benutzen. Einer meine Freunde nimmt seine Gitarre. Der Gesang erfüllt den gleichen Zweck, wobei es keine Rolle spielt, ob man singen kann oder nicht. Vielleicht möchtest du dein Lieblingslied oder verschiedene Töne singen, die dir gerade in den Sinn kommen. Alles, was sich für dich richtig anfühlt, wirkt.

Heute kann man auch eine CD spielen. Ich persönlich ziehe es vor, meine eigenen Klänge hervorzubringen, anstatt der Musik eines anderen zu lauschen. Eine Ausnahme bildet die Wiedergabe von Trommelmusik.

Gehe oder tanze singend um deinen heiligen Ort herum oder spiele ein Instrument dabei. Höre erst auf, wenn du ermüdest. Erhole dich im Zentrum und wiederhole den Vorgang, wenn du möchtest.

Ritual

Ich liebe es, an meinem heiligen Ort, den ich als magischen Kreis betrachte, Rituale durchzuführen. Bevor ich anfange, lege ich einige besondere Gegenstände in seine Mitte oder auf einen Altar. Bei den Gegenständen handelt es sich um einen Zauberstab, der das

Feuer-Element symbolisiert, die Miniaturausgabe eines Schwertes (Luft), eine mit einem Pentagramm beschriftete Silberschale (Erde) und einem Glas Wein (Wasser). Die Schale dient außerdem als Teller, auf dem ein Stück Früchtekuchen liegt. Manchmal verwende ich anstelle des Zauberstabes eine Kerze, um das Feuer-Element darzustellen.

Dann verlasse ich den Kreis und beginne erneut. Ich betrete den Kreis und blicke nach Osten, schließe die Augen und visualisiere den Erzengel Raphael. Sobald ich seine Gegenwart spüre, heiße ich ihn willkommen. Den Erzengel Michael visualisierend, wende ich mich nach Süden und heiße ihn willkommen. In gleicher Weise verfahre ich mit dem Erzengel Gabriel im Westen und mit dem Erzengel Uriel im Norden. Dieses Vorgehen dient dazu, mich und meinen heiligen Raum symbolisch zu schützen. Ich danke den Erzengeln für ihren Schutz.

Anschließend wende ich mich den Gegenständen zu, welche die vier Elemente versinnbildlichen. Nach Osten blickend, halte ich das Schwert empor. (Das Luft-Element steht mit dem Osten in Zusammenhang.) Ich wende mich nach Süden und hebe den Zauberstab möglichst hoch. (Das Feuer-Element bezieht sich auf den Süden.) Ich blicke nach Westen und erhebe das Weinglas. (Das Wasser-Element bezieht sich auf den Westen.) Schließlich wende ich mich nach Norden und halte die Schale in beiden Händen. (Das Erd-Element bezieht sich auf den Norden.) Anschließend umrunde ich meinen heiligen Platz im Uhrzeigersinn. Als Nächstes esse ich ein Stück von dem Kuchen und trinke ein wenig von dem Wein.

Ich danke der universellen Lebenskraft, die mir die Schaffung eines geweihten Ortes ermöglicht hat, und bitte Engel, Elfen und Naturgeister, ihn jederzeit zu betreten. Danach kann ich das Ritual nach Belieben fortsetzen. Dabei mag es sich um Anbetung, Divination oder das stille Aufnehmen von Pflanzenenergien handeln.

Zum Abschluss des Rituals umrunde ich den Ort entgegen dem

Uhrzeigersinn, wende mich den vier Himmelsrichtungen zu, beginnend mit Osten, und danke den jeweiligen Erzengeln für ihre Unterstützung.

Ich zerbröckele den restlichen Kuchen und leere das Weinglas auf den Boden, eine symbolische Handlung, um die Naturgeister mit Nahrung zu versorgen. Das Ritual ist nun beendet. Ich trete aus dem Kreis. Die Gegenstände bleiben zurück.

Nach einem solchen Ritual sollte man sich eine Weile entspannen, etwas essen und trinken und darüber nachdenken. Bist du bereit, sammle die verwendeten Gegenstände ein und verlasse den Ort.

Dieses einfache Ritual lässt sich beliebig erweitern. Man kann dabei ein besonderes Gewand tragen, Kerzen anzünden oder Räucherstäbchen abbrennen. Bevor man anfängt, kann man zur Reinigung Wasser um den magischen Kreis versprengen und den Beginn mit dem Läuten einer Glocke oder einem Gongschlag ankündigen. Es wäre gut, vorher zu baden, was natürlich entfällt, wenn der Ort weit von Zuhause entfernt liegt.

Es gibt kein Richtig oder Falsch bei der Ausführung eines Rituals. Was zählt, ist die Absicht. Man kann innerhalb des magischen Kreises beliebig viele Rituale abhalten. Jedes muss einem bestimmten Zweck dienen, der zuvor festgelegt wird und den Ablauf bestimmt.

Divination

Arbeitest du mit Tarotkarten, Runensteinen oder anderen Divinations-Systemen, wird sich dein geweihter Ort als äußerst nützlich erweisen. Ich ziehe es vor, für mich selbst Vorhersagen auszuarbeiten, was nicht ausschließt, dies auch für andere zu versuchen. Arbeitet man in seinem eigenen magischen Kreis, gewinnt man zusätzliche Einblicke.

Auch in diesem Fall kann man den Vorgang nach Belieben ausschmücken. Ich zünde gewöhnlich eine Kerze an. Eine Freundin liebt die Untermalung mit esoterischer Musik. Sie stellt im Laufe der Jahre gesammelte Bronzefiguren von Göttern und Göttinnen auf oder formt einen Kreis aus Kristallen in ihrem geweihten Raum, in dessen Mitte sie arbeitet.

Der Altar

Ein Altar als solcher bildet bereits einen heiligen Gegenstand. Er sollte stets ehrfurchtsvoll behandelt werden. Es wäre respektlos, darauf zu knien oder zu treten. Er dient mehreren Möglichkeiten. Man kann die Gegenstände, mit denen man während eines Rituals arbeiten will, darauf ausbreiten. Er bietet eine glatte Oberfläche und ist ein Platz geistiger Konzentration.

Der Altar sollte in der Mitte des geweihten Ortes aufgebaut werden. Ich blicke gerne nach Osten, wenn ich daran arbeite. Manche Leute bevorzugen den Blick nach Norden. Jeder sollte es selbst herausfinden.

Einen Altar kann man aus verschiedenen Dingen herstellen. Ich habe einen abgesägten Baumstamm benutzt oder verwende häufig einen Spieltisch, da er sich leicht überallhin mitnehmen lässt. Einer meiner Bekannten kann sich besonders glücklich schätzen, da mitten auf seinem geweihten Platz ein großer Felsblock mit ebener Oberfläche steht. Viele Leute benutzen ein viereckiges Tuch, das sie auf dem Boden ausbreiten. Ich ziehe einen Tisch vor, da ich gerne stehend auf einer flachen Oberfläche arbeite.

Es ist wichtig, dass der Altar ausschließlich für spirituelle Zwecke verwendet wird. Mein Spieltisch würde seine gesamte Kraft verlieren, benutzte ich ihn auch zum Kartenspiel oder als Abstellfläche für Gartengeräte oder andere Gegenstände.

Der Altar sollte möglichst hübsch aussehen. Ich verwende unterschiedliche Tücher, mit denen ich ihn bedecke und die ebenfalls nicht zweckentfremdet werden sollten.

Abgesehen von den Gegenständen, die im Laufe des Rituals ihren Einsatz finden, kann man Dinge von besonderer persönlicher Bedeutung auf dem Altar ausbreiten. Dazu gehören Kerzen, Fotos, Heiligenbilder, Ornamente und alles, was spirituell anmutet.

Man sollte sich um den Altar kümmern, wenn er nicht benutzt wird. Ich hülle meinen Tisch in einen riesigen Tuchsack. Man sollte ihn regelmäßig reinigen und vielleicht hin und wieder beräuchern.

Zaubersprüche

Bei einem Zauberspruch handelt es sich gewöhnlich um ein Wort oder einen Satz, die angeblich magische Kraft besitzen, werden sie im Laufe eines magischen Rituals gesprochen oder niedergeschrieben. Zaubersprüche haben immer eine wesentliche Rolle in der Welt der Magie gespielt und können zum Guten oder zum Bösen gereichen. Ein guter Zauber wird als Segen bezeichnet, einen bösen nennt man Hexerei. Die Absicht desjenigen, der ihn aussendet, bestimmt die Wirkung. Man muss recht unerschrocken oder äußerst töricht sein, einen bösen Zauber zu verhängen, da in der Magie alles, was man aussendet, dreifach zu einem zurückkehrt. Aus diesem Grunde ist es wichtig, sich nur mit weißer oder guter Magie zu befassen. Die Möglichkeit besteht, versehentlich einen bösen Zauber durchzuführen. Man kann mit Hilfe eines Zauberspruches zwar einen Partner anziehen, aber niemals eine spezielle Person. Dies wäre Schwarze Magie, da in diesem Fall die Bedürfnisse des anderen ignoriert werden. Zaubersprüche sollten dem Wohle aller dienen.

Die Worte werden gewöhnlich gesprochen oder visualisiert, während der Magier das Ritual vollzieht. Zauberformeln dienen unterschiedlichsten Zwecken, wie Fruchtbarkeit, Vergebung, Glück, Wohlbehagen, Heilung, Langlebigkeit, Liebe, Geld, übersinnlichem Schutz und Erfolg.

Schreibe zunächst den Wortlaut nieder, der im gegebenen Fall lauten könnte: „Ich wünsche seelischen Schutz, da mich die Belastungen des Lebens erschöpfen und überwältigen."

Beginne mit einem normalen Ritual. Sobald du die universelle Lebenskraft angerufen hast, setze oder lege dich in die Mitte deines Kreises. Schreibe deine Worte erneut auf und lies sie mehrere Male, am besten laut, und lege möglichst viel Energie und Kraft hinein. Schließe die Augen und entspanne den gesamten Körper. Denke an die Pflanzen auf deinem geweihten Platz und nimm ihre Energie in dich auf. Visualisiere einzelne Pflanzen und fühle ihre Liebe und Inspiration. Verweile möglichst lange dabei. Früher oder später wird dein Geist anfangen umherzuschweifen. Sobald du diesen Zustand erreichst, wiederhole die Zauberformel mehrmals. Zähle langsam bis fünf und öffne die Augen.

Beschließe das Ritual und verlasse deinen geweihten Ort. Es gibt keinen Grund, weiterhin an den Zauberspruch zu denken. Du hast ihn in das Universum entsandt und wirst rasch die Wirkung bemerken.

Das Gebet

Unter Gebet versteht man die geistige Kommunikation mit dem Göttlichen. Einer der frühen Kirchenväter, Clemens von Alexandria (150-215), erklärte: „Das Gebet ist eine Unterhaltung mit Gott." Beten kann man überall und jederzeit. Es spielt keine Rolle, ob man einer orthodoxen Religion angehört oder nicht. Viele Menschen bevorzugen es, in ihrem eigenen geweihten Raum zu beten. Für mich bildet das Gebet den Mittelpunkt meines Rituals. Es ist ganz natürlich, mit einem Gebet zu beginnen, nachdem ich die universelle Lebenskraft willkommen geheißen habe. Nach dem Gebet beende ich das Ritual.

Andererseits habe ich mit vielen Menschen gesprochen, die in ihrem geweihten Raum ohne begleitendes Ritual beten. Sie lassen sich bequem nieder, schließen die Augen und beginnen augenblicklich mit dem Gebet. Nach meiner Erfahrung wirken beide Methoden gleichermaßen.

Kreative Visualisation

Der geweihte Raum eignet sich ebenso gut zur kreativen Visualisation. Man versteht darunter die Kunst, sich bewusst etwas vorzustellen. Tagträumerei ist eine Art der Visualisation, obwohl es sich dabei um einen wahllosen und nicht zielgerichteten Vorgang handelt.

Die kreative Visualisation kann unterschiedlichen Zwecken dienen. Natürlich sollte man ein positives Ergebnis visualisieren, wie etwa den Weltfrieden. Man mag aber auch persönliche Dinge ins Auge fassen, wie ein neues Auto oder ein neues Haus.

Viele Menschen, die eine gewisse Größe in ihrem Leben erlangt haben, erreichten dies, indem sie ihren Erfolg zunächst visualisierten. Viele wurden als Träumer abgetan, aber nur von jenen, die offensichtlich keine Ahnung hatten, wie machtvoll Tagträume sein können.

Verweile in deinem geweihten Raum und denke darüber nach, was du dir sehnlichst wünschst. Ich träume gerne im Liegen und mit geschlossenen Augen. Mit offenen Augen lasse ich mich zu leicht ablenken. Die meisten Menschen bevorzugen es, die Augen offen zu halten. Finde deinen eigenen Weg. Konzentriere dich auf deinen Wunsch. Vielleicht möchtest du deine Gesundheit verbessern, Fortschritte in deiner Karriere machen, eine negative Angewohnheit ablegen oder ein spezielles Ziel erreichen. Um

214

welche Art von Wunsch es sich handelt, spielt keine Rolle. Siehe dich selbst und dein Leben, nachdem du das Ziel erreicht hast. Gib diesen Erfolgsgefühlen Raum, jeden Teil deines Körpers, deinen Verstand und deinen Geist zu durchstreifen. Konzentriere dich auf dein Ziel, so lange du möchtest, ehe du in den Alltag zurückkehrst. Wiederhole diese Visualisationen möglichst oft, bis sich dein Wunsch erfüllt hat.

Du konzentrierst dich dabei auf das, was eintreten soll, weniger auf das, was du vermeiden möchtest. Die Aufmerksamkeit auf dein Ziel zu lenken, ermutigt deinen Verstand, darauf hin zu arbeiten. Neue Ideen und Möglichkeiten werden sich dir eröffnen. Es wird notwendig sein, diese abzuschätzen und die richtigen zu ergreifen. Die kreative Visualisation bildet den wesentlichen Schritt zum Erfolg. Dies hat nichts mit Magie zu tun. Es erfordert harte Arbeit, seine Träume Wirklichkeit werden zu lassen.

Kreative Visualisation könnte man als bewusstes Träumen bezeichnen. Im Schlaf träumen wir unbewusst. Von Pflanzen zu träumen, wird uns im nächsten Kapitel beschäftigen.

XIV

Pflanzenträume

Ihre Träume haben die Menschen schon immer fasziniert. Die alten Babylonier glaubten, dass bösartige Geister die Träume schickten. Für die Ägypter kamen Träume von den Göttern. Sie nutzten sie, um Hilfe und Führung zu erbitten.

Die Griechen sahen in den Träumen ebenfalls Botschaften der Götter und baten Äskulap, den Gott der Heilkunde, in ihrem Namen Fürsprache einzulegen. Überall in Griechenland gab es Hunderte von Tempeln, die dem Äskulap geweiht waren. Der berühmteste befand sich in Epidaurus. In gewisser Hinsicht glichen diese Tempel Gesundheitsbädern. Die Patienten hielten bestimmte Diäten ein, unterzogen sich besonderen Übungen und nahmen Spezialbäder. Das heilige Träumen bildete den wichtigsten Teil dieser Behandlung. Die Patienten schliefen in einem Schlafsaal. Äskulap oder einer seiner Priester besuchte sie im Traum. Wenn sie am nächsten Morgen erwachten, gingen sie geheilt nach Hause. Die vielen Heilungen wurden schriftlich festgehalten. Es gibt keine Unterlagen für Fehlschläge oder Todesfälle.[32] In den Tempeln, die dem Äskulap geweiht waren, gab es heilige Schlangen. Aus diesem Grund wird er häufig mit einem Stab, um den sich eine Schlange windet, dargestellt. Hier liegt der Ursprung für das medizinische Symbol des Stabes mit den zwei ihn umschlingenden Schlangen.

Vor nahezu dreitausend Jahren schrieb der griechische Dichter Homer (9. Jh. v. Chr.) über Träume und deren Bedeutung. Im ers-

---

32 *The New Encyclopedia Britannica*, Macropaedia, Volume 11 (Chicago: Encyclopedia Britannica, 15. Ausgabe, 1983), 826.

ten Buch der Bibel deutet Joseph den Traum des Pharaos von den sieben fetten und den sieben mageren Kühen (Genesis 41:17-28).

Der Philosoph Chuang-tzu (4. Jh. v. Chr.) beschrieb die Erfahrung, nach dem Aufwachen nicht unterscheiden zu können, welches Leben der Realität entsprach, das Leben im Wach- oder das im Traumzustand. Einmal träumte er, ein dahingleitender Schmetterling zu sein. Als er aufwachte, lag er da und versuchte festzustellen, ob er ein Mann war, der träumte, ein Schmetterling zu sein, oder ein Schmetterling, der träumte, ein Mann zu sein.

Viele kreative Menschen haben ihre Träume in die Tat umgesetzt. Die Worte seines berühmten Gedichtes *Kublai Khan* (1797) erreichten Samuel Taylor Coleridge (1772-1834) im Traum. Als er sie niederschrieb, wurde er unterbrochen, und der Rest des Gedichtes entschwand seinem Gedächtnis. Mary Shelley (1797-1851) träumte die Geschichte von *Frankenstein oder dem modernen Prometheus*. Der Traum erschreckte sie, und sie glaubte zu Recht, dass es ihren Lesern ebenso erging. Robert Louis Stevenson (1865-1894) träumte seine Geschichte von *Dr. Jekyll und Mr. Hyde*. Viele Gedichte von William Butler Yeats (1865-1939) wurden durch seine Träume inspiriert. Die Melodie des Liedes „Yesterday" soll Paul McCartney im Traum gehört haben.[33]

Wir alle träumen. Forscher haben dies bewiesen, indem sie Freiwillige zu verschiedenen Nachtstunden aufgeweckt und gefragt haben, ob sie träumen. Die meisten Menschen vergessen ihre Träume, sobald sie aufwachen, obwohl es gelingen kann, sich an seine Träume zu erinnern.

Es hat sich als sehr hilfreich erwiesen, beim Erwachen alles niederzuschreiben, was im Gedächtnis geblieben ist. Teilweise vergessene Einzelheiten tauchen während des Schreibens häufig wieder auf. Wenn du aufwachst und weißt, dass du geträumt hast,

---

33 Richard Graze, The *Dictionary of Dreams and their Meanings* (London: Hermes House, 2003) 89.

dich aber nicht mehr daran erinnern kannst, verharre in derselben Stellung, in der du aufgewacht bist, und versuche, Körper und Geist zu entspannen. Einzelheiten werden oft wieder lebendig. Es besteht kein Grund zur Besorgnis, wenn die Erinnerung ausbleibt. Wichtige Träume wiederholen sich.

Es gibt unterschiedliche Traumarten. In den meisten Träumen verarbeitet der Geist die alltäglichen Erlebnisse. Gewöhnlich haben sie wenig Bedeutung, können aber Hinweise für kommende Lebensveränderungen sein.

Symbolische Träume sind wichtiger. Sie enthalten mehr Kraft und Gefühl. Die Geschehnisse sind selten logisch, und die Szenen und Menschen, denen man begegnet, sind meistens unvertraut. Oft erscheinen Pflanzen in solchen Träumen.

Wunschträume enthalten Elemente, die wir uns in unserem eigenen Leben wünschen. Wenn du dir ein Kind wünschst, aber noch nicht empfangen hast, wirst du im Traum wahrscheinlich dein eigenes Baby stillen und dich um es kümmern. Kürzlich berichtete mir jemand von einem Traum, in dem er den Weltrekord brach und ein wichtiges Rennen gewann. Der Mann ist ein guter Sportler, gehört aber nicht – oder noch nicht – zur Weltklasse. Es handelte sich offensichtlich um einen Wunschtraum. Hoffentlich wird er ihn anspornen, seinen Traum Wirklichkeit werden zu lassen.

Wiederkehrende Träume bleiben in ihrer Thematik und in ihrem Inhalt meistens unverändert. Sie beinhalten stets eine Lektion und sollten sorgfältig untersucht werden, um diese Lektion zu erkennen.

Es gibt zahlreiche Beispiele für prophetische Träume. Einige Tage vor seiner Ermordung träumte Abraham Lincoln (1809-1865) von seinem eigenen Begräbnis. Caligula träumte in der Nacht vor dem Attentat ebenfalls von seiner Ermordung. Die bekanntesten Beispiele für prophetische Träume sind jene, die veröffentlicht wurden, da sie gewöhnlich Weltereignisse oder Personen in führenden Positionen betreffen. Viele Menschen erleben solche Träume, in die sie selbst oder ihre Lieben verwickelt sind. Häufig erkennen sie erst dann, dass es sich dabei um eine Voraussage gehandelt hat, wenn das Ereignis tatsächlich eingetreten ist. Aus diesem Grunde sollte man ein Traum-Tagebuch führen, damit man den Traum nicht vergisst.

Alpträume bieten die Möglichkeit, sich mit alten Ängsten auseinanderzusetzen. Erwachst du nach einem solchen Traum, notiere jede Einzelheit, an die du dich erinnern kannst, bevor du wieder einschläfst. Deine Furcht und deine Ängste werden sich dann auflösen. Alpträume sollten niemals wörtlich genommen werden. Es handelt sich immer um Fantasiegebilde, die sich um eine bestimmte Furcht aufbauen.

Pflanzen können in jeder Traumart auftauchen, werden aber meistens in symbolischen Träumen erkannt. Einige Pflanzen – besonders Phallus-Symbole wie Spargel, Bananen, Karotten, Gurken und sogar Bäume – sind offensichtlich. Die meisten sind jedoch unauffälliger. In anderen Träumen ist die Pflanzen-Symbolik wahrscheinlich ebenfalls gegenwärtig, wenn auch unbemerkt. Während du den jeweiligen Traum in dein Tagebuch notierst, solltest du versuchen, dich im Hinblick auf Blumen oder Bäume, die aufgetaucht sind, an Einzelheiten zu erinnern.

Blumen sind gewöhnlich positive Traumsymbole, da sie Schönheit, Hoffnung, Unschuld, Sicherheit, Schutz und Glücksgefühl bedeuten. Von einer Wiese mit Wildblumen zu träumen, zeugt von der Sehnsucht nach Freiheit und Weite. Träumt man von einem Garten, wird man von anderen respektiert und geliebt. Pflückt man Blumen in einem wunderschönen Garten, kann man eine angenehme Überraschung erwarten. Ein Korb voller Blumen deutet auf eine Hochzeit oder eine Geburt in der Familie hin. Gibt es in deinem Traum duftende Blumen, solltest du eine günstige Gelegenheit ergreifen. Blütenknospen sind ein Zeichen der Hoffnung. Steht die Blume in voller Blüte, bedeutet dies Erfüllung, Schönheit und Glück. Welkende oder verdorrte Blumen symbolisieren Traurigkeit, Abscheu und den Untergang lang gehegter Hoffnungen.

In Träumen gleichen Bäume gewöhnlich irgendeinem Aspekt deiner eigenen Geschichte. Dies kann sich auf deine Vergangenheit, Gegenwart oder Zukunft oder vielleicht dein physisches, mentales oder geistiges Wachstum beziehen. Ein junger, gesunder Baum weist auf Jugend, Begeisterung, Energie und eine positive Lebenseinstellung hin. Von immergrünen Bäumen zu träumen, bedeutet anhaltende innere Jugendlichkeit. Ältere Bäume weisen auf Stabilität und Konservatismus hin. Sterbende oder abgestorbene Bäume stehen für Alter und Tod.

Die vier Jahreszeiten offenbaren ebenfalls unterschiedliche Lebensstufen. Ein knospender oder blühender Baum symbolisiert Fruchtbarkeit und Jugend, und das üppige sommerliche Blattwerk verkörpert den Höhepunkt des Lebens. Herbstblätter versinnbildlichen den mittleren Lebensabschnitt und die kahlen Äste des Winters das Alter.

Blühende Bäume sind immer ein positives Zeichen. Sie bedeuten Jugend, Glück und Leichtigkeit. Sie können ebenfalls darauf hinweisen, dass eine Beziehung „erblüht". Eicheln mögen Schwangerschaft oder die Geburt einer neuen Idee bedeuten.

Baumgruppen, wie ein Hain oder ein Wald, versinnbildlichen eine Gemeinschaft, der du angehörst. Dabei kann es sich um Arbeitskollegen, Nachbarn, deine Stadt, Großstadt oder sogar um dein Land handeln.

Abgestorbene Baumstämme können auf deine Vorfahren oder geliebte Verstorbene hinweisen.

Wie alle Lebewesen, unterliegen Pflanzen einem Prozess von Werden und Vergehen und gelten daher häufig als Symbol für

Wachstum und Wandel. Gezüchtete Pflanzen besagen, dass du über ein Potenzial verfügst, das du hegen und pflegen solltest. Verblühte Pflanzen offenbaren, dass du aus einer bestimmten Situation das Möglichste gemacht hast. Wildpflanzen bedeuten, dass sich zumindest ein Teil von dir nach Freiheit sehnt.

Farbige, voll erblühte Blumen stehen für Optimismus und Hoffnung. Abgestorbene oder welkende Blumen sind ein Zeichen für Enttäuschung und Traurigkeit. Winterbäume symbolisieren ebenfalls Traurigkeit und eine Zeit des Rückzugs und der Planung für eine bessere Zukunft.

Es stellt ein positives Zeichen dar, wenn man im Traum einen Blumenstrauß erhält, da dies Anerkennung, Akzeptanz, Leistung, Ehre und Respekt bedeutet.

Blühende Blumen in einer kahlen Landschaft zeigen, dass dir dein Optimismus und deine positive Einstellung die Fähigkeit verleihen, jede Hürde zu nehmen und schließlich deine Ziele zu erreichen.

Blumen symbolisieren häufig den weiblichen Aspekt einer Person. Sie mag diesen Charakterzug im Wachzustand verbergen, kann ihn in der Traumwelt aber nicht leugnen.

Unkraut steht für Negativität. Es kann deinen Garten überwuchern und schließlich zerstören und zeugt davon, dass du dich auf die positiven, nicht auf die negativen Aspekte deines Lebens konzentrieren solltest.

Gemüsepflanzen benötigen Zeit, um zu wachsen und zu reifen. Von ihnen zu träumen heißt, man muss durchhalten, um zum Erfolg zu gelangen. Nur so erreicht man trotz aller Schwierigkeiten und Härten auf Dauer sein Ziel. Am besten träumt man von gesunden Pflanzen. Erscheinen sie im Traum ungesund und krank, deutet dies auf Armut und Mangel im Leben hin. Die Form vieler Gemüsepflanzen lässt an Sexualität denken. Ob dem so ist oder nicht, enthüllt erst der inhaltliche Zusammenhang des Traumes.

Auch viele Früchte werden mit der Sexualität in Zusammenhang gebracht. Träumt ein Mann von Bananen, sollte er ihren Zustand beurteilen. Eine grüne, unreife Banane bedeutet sexuelle Unreife, eine gelbe hingegen sexuelle Reife. Eine überreife, bräunliche Banane zeigt, dass sein sexueller Höhepunkt in der Vergangenheit liegt. Runde Früchte, wie Melonen, werden mit den Brüsten in Verbindung gesetzt, und eine Frau, die davon träumt, sollte ebenfalls genau hinsehen. Samenfrüchte, wie der Granatapfel und die Feige, werden auf Fruchtbarkeit und Schwangerschaft bezogen. Das Gleiche gilt für die Ananas.

Natürlich stehen Früchte nicht immer in Zusammenhang mit Sexualität. Träumt man von einer Schale mit Früchten, weist dies auf ein großzügiges und angenehmes Leben hin. Eine Orange mag eine sonnige Zukunft verheißen, eine Zitrone dagegen, dass sich etwas Unangenehmes anbahnt.

Im Traum Gartenarbeit zu verrichten, weist darauf hin, dass man sich um die praktischen Lebensaspekte sorgt. Zu graben oder zu hacken bedeutet, Pläne zu schmieden und die Grundlage für ein Abenteuer vorzubereiten. Im Traum Pflanzen zu setzen bedeutet, neue Möglichkeiten zu schaffen, um zu ernten, den Lohn der Bemühungen einzuholen. Den Rasen zu mähen heißt, sich mit Erhaltungs- und Reparaturarbeiten zu befassen.

In der Traumkunde betrachtet man es als günstig, von folgenden Pflanzen zu träumen:

Apfel

Es ist ein ausgesprochen positives Zeichen, wenn man von Äpfeln träumt. Sie bedeuten Erfolg in allen Unternehmungen, eine glückliche Ehe und ein langes Leben. Strahlend rote Äpfel symbolisieren Fruchtbarkeit und versprechen eine große und gesunde Familie. Aufgrund der Verbindung zu Adam und Eva kann ein roter Apfel ebenfalls Verlockung signalisieren. Goldene Äpfel weisen auf den Wunsch nach Ruhm hin, und grüne Äpfel symbolisieren Wohlstand. Es ist kein gutes Zeichen, wenn man davon träumt, einen Apfel zu stehlen, da es bedeutet, dass du den Versuch unternimmst, einem anderen den Liebhaber zu rauben.

Aprikose

Von Aprikosen zu träumen, gilt als ein höchst positives Zeichen, das Gesundheit und Glück bedeutet. Erscheinen sie in den Träumen einer alleinstehenden Person, ist der Partner nicht weit.

Butterblume

Von Butterblumen zu träumen, bedeutet eine Verbesserung der finanziellen Mittel, solange die erforderliche Arbeit geleistet wird.

Chrysantheme

Von gelben Chrysanthemen zu träumen, ist ein Zeichen von wahrer Liebe. Weiße Chrysanthemen hingegen offenbaren, dass der Liebhaber nicht bleiben wird. Im Osten betrachtet man Chrysanthemen als Zeichen eines langen Lebens.

Distel

Es gilt als ein Zeichen unerwarteten Glücks, wenn man von einer Distel träumt. Etwas Angenehmes steht bevor.

Eiche

Von Eichen zu träumen, weist gewöhnlich auf ein langes, glückliches und fruchtbares Leben hin. Trägt der Baum Früchte, wirst du wohlhabend werden. Ein gesunder, sich entwickelnder Baum deutet auf Kinder hin, die der Familie Ehre machen.

Efeu

Efeu gehört zu den vielversprechendsten Pflanzen, von denen man träumen kann. Es verheißt gute Freunde, großes Glück und finanziellen Erfolg.

Feige

Von Feigen zu träumen, gilt als ein gutes Zeichen. Sie verheißen Gesundheit, Wohlstand und dauerhafte Beziehungen. Sie stehen ebenfalls für ein gesundes und zufriedenes Alter. Außerdem symbolisieren Feigen Fruchtbarkeit und Schwangerschaft. Folglich sollte die Art des Traumes analysiert werden, um im jeweiligen Fall das korrekte Sinnbild der Feige festlegen zu können.

Fingerhut

Diese wunderschöne Pflanze enthält Digitalis, das bei Herzleiden seinen Einsatz findet. Von dieser Blume zu träumen, deutet entweder auf ein gebrochenes Herz oder auf die Notwendigkeit, einen Arzt aufzusuchen.

Flieder

Flieder bedeutet gewöhnlich Glück in der Liebe und eine lange, glückliche Ehe. Eine Ausnahme bildet der lila Flieder, da er Unglück verheißt.

Forsythie

Die Forsythie gilt als positives Omen. Von ihr zu träumen offenbart, dass es dich begeistert und glücklich macht, am Leben zu sein.

Gänseblümchen

Im Frühling oder Sommer von Gänseblümchen zu träumen, gilt als gutes Zeichen, da sie Glück ins Leben bringen. Andererseits verheißen sie nichts Gutes, träumt man im Herbst von ihnen.

Geißblatt

Von Geißblatt zu träumen, verheißt viele Tränen, die rasch durch ein Lächeln oder Lachen ersetzt werden.

Getreide

Von Getreide zu träumen, kann ein gutes oder ein schlechtes Omen sein. Reifes Korn zu pflücken, bedeutet Erfolg. Andererseits ist es Zeichen von Verlust, weist es Mehltau auf oder ist in irgendeiner anderen Weise beschädigt.

Granatapfel

Granatäpfel symbolisieren Erfolg in allen Lebensbereichen. Für denjenigen, der einen Partner sucht, bedeuten sie eine gute Beziehung, für einen Kranken Gesundheit und für einen Geschäftsmann Wohlstand.

Gras

Von Gras zu träumen, gilt in der Regel als positives Zeichen. Gesundes grünes Gras symbolisiert ein langes, glückliches Leben und ein angenehmes Alter. Welkes oder sterbendes Gras deutet auf Krankheit und schlechte Gesundheit.

Gurke

Von einer Gurke zu träumen, bedeutet für einen Kranken, dass er vollständig genesen wird. Außerdem steht sie für erfolgreiche Geschäfte und die Möglichkeit eines glücklichen Ferienaufenthaltes in Übersee.

Haselnuss

Findet man im Traum eine Haselnuss, wird man einen verborgenen Schatz entdecken. Dabei mag es sich nicht um Juwelen und Gold handeln, sondern vielleicht um eine zufällige Entdeckung oder eine Zufallsbegegnung. Im Traum eine Haselnuss zu essen, bedeutet beachtlichen Wohlstand.

Himbeere

Der Traum von Himbeeren verheißt gute Nachrichten aus dem Ausland sowie eine erfolgreiche Ehe und gesunde Kinder. Himbeerpflanzen sind widerstandsfähig. Von ihnen zu träumen, kann ebenfalls Erfolg als Ergebnis harter Arbeit bedeuten.

Iris

Wenn du von dieser Blume träumst, werden dich bald gute Nachrichten erreichen, die dich selbst oder ein nahes Familienmitglied betreffen.

Jasmin

Von Jasmin zu träumen, gilt als besonders vielversprechend für Verliebte.

Karotte

Tauchen Karotten im Traum auf, steht ein finanzieller Erfolg bevor oder ein positives Ergebnis in allen Arten von Rechtsstreitigkeiten.

Klee

Klee bedeutet Gesundheit, Glück, eine gute Ehe und Wohlstand.

Knoblauch

Von Knoblauch zu träumen, ist für Männer, nicht für Frauen bedeutungsvoll. Knoblauch im Haus zu haben, bedeutet für einen

Mann großes Glück, sollte er ihn essen, weist dies auf häusliche Schwierigkeiten hin.

Korinthe

Korinthen gelten als gutes Zeichen. Sie versprechen Wohlstand, Glück und viele Freunde.

Krokus

Einen Krokus im Traum zu sehen, deutet auf potenzielle Gefahr. Man sollte bei allen Liebesbeziehungen vorsichtig sein.

Lilie

Von Lilien innerhalb ihrer Blütezeit zu träumen, weist auf eine baldige Hochzeit hin sowie auf eine dauerhafte und glückliche Ehe. Lilien bedeuten oft den Beginn geistigen Erwachens. Träumt man außerhalb ihrer Saison von diesen Blumen, weist es auf Frustration hin. Verwelkte oder tote Lilien sind ein Zeichen von schwerer Krankheit.

Löwenzahn

Kinder lieben es, die Samen des Löwenzahns mit einem einzigen Pusten in die Luft zu blasen und sich etwas dabei zu wünschen. Hält man im Traum einen Löwenzahn in der Hand, lässt dies auf einen heimlichen Wunsch oder ein geheimes Verlangen schließen.

Mandel

Die Mandel kündigt eine Reise an. Süße Mandeln lassen erkennen, dass es eine lohnende und erfolgreiche Reise sein wird. Schmecken sie bitter, wird sie den Hoffnungen nicht entsprechen.

Mauerblümchen

Es gilt als ein gutes Zeichen, von Mauerblümchen zu träumen. Sie sagen dem Liebenden, dass der geliebte Partner ihm die Treue hält. Einem Kranken verheißen sie baldige Genesung. Träumt eine unverheiratete Person von einem Strauß Mauerblümchen, weist dies auf einen bevorstehenden Antrag hin.

Mistel

Von Misteln zu träumen, weist auf eine mögliche Versuchung hin. Um künftige Schwierigkeiten zu vermeiden, sollte man dem Partner treu bleiben.

Mohn

Bereits im antiken Griechenland symbolisierte der Mohn den Schlaf und den Tod, da man aus seinen Samen Opium herstellen kann. Seit dem Ersten Weltkrieg gilt er als Zeichen der Erinnerung, weil er auf den Schlachtfeldern Nordfrankreichs in Blüte stand, als Hunderttausende den Tod fanden.

Myrte

Von Myrte zu träumen, bedeutet mehr als eine Hochzeit. Wiederholt sich der Traum, heißt dies, dass dein zweiter Partner ebenfalls zuvor verheiratet gewesen ist.

Nelke

Nelken deuten auf die Möglichkeit einer leidenschaftlichen Liebschaft. Man sollte es sich gut überlegen, ob man eine solche Gelegenheit ergreifen oder ablehnen will.

Olive

Von einem Olivenbaum zu träumen, gilt als positives Zeichen und versinnbildlicht Frieden und Wohlstand. Taucht ein Olivenzweig im Traum auf, weist dies darauf hin, dass eine Schwierigkeit ihr Ende findet.

Osterglocke

Osterglocken weisen auf die Aussöhnung mit einem früheren Freund hin. Vergangene Ereignisse werden vergessen und die Freundschaft wird fortgesetzt, als sei nichts geschehen.

Palme

Eine Palme gilt als Zeichen dafür, dass man einen erholsamen Urlaub benötigt, vorzugsweise im Ausland. In römischer Zeit galt die Palme als Siegeszeichen. Träumt man von ihr, kann sich dies ebenfalls auf einen bevorstehenden Sieg beziehen.

Pfirsich

Von Pfirsichen zu träumen, bedeutet Vergnügen, Luxus, Genuss, Glück und Gesundheit.

Pfingstrose

Erscheinen im Traum Pfingstrosen, heißt dies, dass sich eine gute Gelegenheit geboten hat oder in Kürze bieten wird. Man sollte sie sorgfältig untersuchen und ergreifen, wenn sie vielversprechend zu klingen scheint.

Pilz

Erscheinen im Traum Pilze, steht eine kleine, angenehme Überraschung bevor. Andererseits kann es bedeuten, dass eine wichtige Angelegenheit vor einem geheimgehalten wird. Pilze, die Halluzinationen hervorrufen, zeigen an, dass es in deinem Leben an Magie und Freude fehlt.

Platane

Träumt eine unverheiratete Person von einer Patane, bedeutet dies Hochzeit. Eine verheiratete Person, die von einer Platane träumte, sollte Eifersucht vermeiden.

Primel

Der Traum von Primeln zeigt, dass du einen neuen Freund gewinnen wirst und diese Freundschaft euch beiden Freude und Glück bringen wird.

Quitte

Von Quitten zu träumen, gilt als Zeichen zunehmender Gesundheit und körperlicher Leistung. Geringfügige Probleme und Sorgen werden rasch beseitigt werden.

Ringelblume

Der Traum von Ringelblumen verheißt Erfolg, Glück und Wohlstand. Für junge Liebespaare ist es ein besonders glückbringendes Zeichen.

Rose

Bei der Rose handelt es sich um die beste Pflanze, von der man träumen kann, sofern sie gesund ist. Eine rote Rose bedeutet wahre Liebe, erfolgreiche Freundschaften, Gesundheit und höchsten Wohlstand sowie eine Hochzeit. Eine verwelkte oder sterbende Rose steht für Verlust und Tod, eine weiße Rose für Reinheit. Von einer rosa Rose zu träumen, bedeutet Romanze. Eine schwarze Rose bringt Unglück, denn sie bedeutet Tod.

Träumt man von einem Dutzend roter Rosen, weist dies auf eine lang anhaltende, leidenschaftliche Beziehung hin.

Von Rosenknospen zu träumen, symbolisiert Unschuld und Jungfräulichkeit.

Schneeglöckchen

Von einem Schneeglöckchen zu träumen, gilt als ein Zeichen ungelöster Probleme. Du solltest dich jemandem, dem du Glauben schenkst, anvertrauen, und die Probleme werden schnell gelöst sein.

Weinrebe

Von Weinreben zu träumen, bedeutet Gesundheit, Fruchtbarkeit und Wohlstand. Die Zeit eignet sich dazu, Erweiterung und Fortschritt zu planen.

Veilchen

Erscheinen Veilchen im Traum, gilt dies als ein Zeichen für bevorstehenden Fortschritt in einem wichtigen Lebensbereich. Es steht
eine Verbesserung der Lebensumstände an. Planung und harte
Arbeit beginnen sich auszuzahlen. Veilchen gelten ebenfalls als
Zeichen der Zuneigung. Von Veilchen zu träumen, mag außerdem
bedeuten, einen jüngeren Partner zu heiraten.

Vergissmeinnicht

Träumst du von Vergissmeinnicht, bedeutet dies, dass der Partner
es nicht versteht, alle deine Bedürfnisse zu erfüllen. Du solltest
mit ihm darüber sprechen und herausfinden, was möglich ist und
was nicht.

Der größte Teil dieses Buches hat sich mit Blumen und Bäumen
der westlichen Welt befasst. Der ferne Osten besitzt in dieser Hinsicht eine ebenso reiche Geschichte und Volkskunde, die wir im
nächsten Kapitel betrachten wollen.

XV

Spirituelle und magische Pflanzen des Ostens

In der taoistischen Philosophie gibt es fünf Elemente: Holz, Feuer, Erde, Metall und Wasser. Das Holz-Element bezieht sich auf die Pflanzen, die Himmelsrichtung Osten, die Farbe Grün, den Frühling, die Weisheit und die Unsterblichkeit. Die Tatsache, dass Pflanzen mit Weisheit auf diese Weise verbunden sind, zeigt ihre kraftvolle Wirkung auf das physische, mentale, emotionale und geistige Wohlbefinden des Menschen. Pflanzen bedeuten nicht nur Schönheit und Nahrungsquelle. Sie sind für das Glücksgefühl, den geistigen Frieden und das Leben selbst unentbehrlich.

Das Überleben allen menschlichen und tierischen Lebens hängt letztlich von den Pflanzen ab. Jede größere Veränderung der Umwelt, die das Pflanzenleben beeinträchtigt, wird sich unvermeidlich auf Mensch und Tier auswirken, so wie das Abholzen der Wälder Überschwemmungen, Dürren und andere Katastrophen hervorrufen kann.

Von den Pflanzen lernten die antiken Philosophen den Wert der rechten Zeit. Sie beobachteten den Wandel der Jahreszeiten und erkannten, dass es unmöglich ist, die Natur zu ändern. Die Taoisten ersannen einen Zyklus von sechzig Jahren, das so genannte „Ganzhi-System", das die verschiedenen Kombinationen von Zeit und Umfeld voraussagt. Die Chinesen unterteilen das Jahr in vierundzwanzig Perioden sowie vier Jahreszeiten. Diese Zeitabschnitte liegen den Vorhersagen des chinesischen Almanachs zugrunde.

Jede Jahreszeit wird durch eine Blume versinnbildlicht. Die Pfingstrose symbolisiert den Frühling, die Lotosblume den Sommer, die Chrysantheme den Herbst und die Pflaumenblüte den Winter. In einer anderen Zusammenstellung steht der Bambus für den Frühling, die Orchidee oder die Iris für den Sommer, die Chrysantheme für den Herbst und die Pflaumenblüte für den Winter. Die zweite Gruppe nennt man „die vier Gentlemen", da sie vier wertvolle Eigenschaften umfasst, die die chinesischen Künstler gerne darstellen. Der Bambus symbolisiert Ausdauer, die Orchidee oder die Iris Güte, die Chrysantheme Integrität und die Pflaumenblüte Würde. Bambus, Pinie und Pflaume sind bekannt als die „drei Freunde". Sie stehen für Widerstandsfähigkeit, da sie im Winter wachsen und gedeihen. Gemeinsam symbolisieren sie dauerhafte Freundschaft.

Jeder Monat des Jahres wird durch eine Pflanze versinnbildlicht: Prunus (Pflaume), Pfirsich, Pfingstrose, Kirsche, Magnolie, Granatapfel, Lotos, Birne, Malve, Chrysantheme, Gardenie und Mohn.[34] Im chinesischen Mondkalender gibt es einige Monate mit neunundzwanzig und andere mit dreißig Tagen. Da die zwölf Mondmonate kein Sonnenjahr ausfüllen, fügt man alle drei Jahre einen Monat hinzu. Der chinesische Neujahrstag wird jährlich zwischen dem 21. Januar und dem 19. Februar gefeiert. Der achte Tag nach Neujahr gilt als der Geburtstag von Reis und Getreide. Früchte und Gemüse werden am neunten Tag gefeiert, Mais und Gerste am zehnten. Zeigt sich das Wetter an diesen Tagen von seiner besten Seite, glaubt man an eine reiche Jahresernte.

Jede Frau wird in der anderen Welt durch eine Blume oder einen Baum verkörpert. Das Blumenfest am zwölften Tag des zweiten Mondes erinnert daran. Frauen und Kinder hängen rotes Papier

---

34 C.A.S. Williams, *Outlines of Chinese Symbolism and Art Motives* (Shanghai: Kelly and Walsh, 1941), 192. (Reprinted by Dover Publications, 1976.)

an Blumen, Sträucher und Bäume und loben die Pflanzen, was eine reiche Ernte sicherstellen soll.

Die chinesische Kräutermedizin wird seit Jahrtausenden ausgeübt. Sie basiert auf den fünf Elementen und dem Prinzip von Yin und Yang. Im 6. Jahrhundert führte Indien den Tee in China ein. Ursprünglich trank man ihn zu medizinischen Zwecken. Während der Tang-Dynastie (618-907 n. Chr.) stieg er zu einem beliebten Getränk auf. Erst Ende des 16. Jahrhunderts erreichte der Tee den Westen.

Chinesische Pflanzenbedeutungen

Die Chinesen besitzen eine komplexe Symbolik. Besonders Blumen belegte man mit positiven Sinnbildern, um den Betrachter zu motivieren und zu inspirieren. Die gebräuchlichsten sind:

Apfel: Weibliche Schönheit, Familienreichtum, Frieden
Aprikose: Weibliche Schönheit, Fruchtbarkeit
Azalee: Weibliche Schönheit
Bambus: Kindliche Ehrfurcht, Würde, Bescheidenheit, Jugend, Langlebigkeit
Banane: Selbsterziehung, Fleiß, Disziplin
Birne: Gerechtigkeit, Reinheit des Herzens
Chrysantheme: Hohe Stellung, angenehmes Leben, Herbst, Heiterkeit
Eiche: Stärke
Geranie: Wohlstand
Glyzinie: Wohlstand
Granatapfel: Fruchtbarkeit, viele Kinder
Hibiskus: Wohlstand, Ehre, Ruhm

Jasmin: Charmante Dame, Liebenswürdigkeit, Freundschaft, Zuneigung

Japanische Mispel: Glück

Kamelie: Würde, Entspannung

Kürbis: Kinder

Löwenzahn: Schutz, Gesundheit, Geld

Lotos: Reichtum, Fruchtbarkeit, Sommer, Wohlstand. Der Lotos ist Chinas heilige Pflanze.

Magnolie: „Die Blume nächtlicher Zärtlichkeit", Charme und Süße

Maulbeerbaum: Mutter, harte Arbeit

Narzisse: Ehe, Wohlstand, Glück

Oleander: Schönheit

Olive: Erziehung

Orange: Wohlstand

Orchidee: Fruchtbarkeit, Liebe, Vollkommenheit, Feinheit

Palme: Glückliches, reifes Alter

Persimone: Freude, Geschäftserfolg

Pfirsich: Ehe

Pfingstrose: Zuneigung, Liebe, weibliche Schönheit, Wohlstand, Ehre. Die Pfingstrose vermag ebenfalls den richtigen Ehepartner anzuziehen.

Pflaume: Beachtlicher Reichtum

Pinie: Ausdauer

Weide: Weibliche Liebenswürdigkeit, Sanftmut

Winde: Liebe und Ehe

Magische Bäume

Im alten China verehrte man die Bäume, und es geschah nur selten, dass ein Baum, der in der Nähe eines Grabes oder eines Tempels stand, gefällt wurde. Im Gegenteil, manchmal wurden Bäume sogar auf die Gräber gepflanzt. Auf diese Weise vermochte die Baumseele die Seele des Verstorbenen zu unterstützen und zu stärken. Aufgrund ihrer starken geistigen Energie waren Pinien und Zypressen in diesem Fall besonders beliebt.[35]

In der chinesischen Literatur gibt es unzählige Geschichten über Bäume, die qualvoll aufschrien, als man sie fällte. Eine Legende erzählt von Wu-Kang, der unsterblich werden wollte. Da er bei den Prüfungen durchfiel, wurde er auf den Mond verbannt. Er sollte nicht eher zur Erde zurückkehren dürfen, als bis er den auf dem Mond wachsenden Kassienbaum gefällt hatte. Es gelang ihm nicht, denn jedesmal, wenn er einen Splitter abhaute, wuchs ein neuer nach, um diesen zu ersetzen. Wu-Kang lebt immer noch dort. Die Kinder nennen ihn den alten Mann auf dem Mond, und der Baum lebt.

Als eine Form der Verehrung schmückte man die Bäume oft mit Girlanden und Laternen. Rote Tuch- oder Papierstreifen, die man an ihre Zweige hefteten, sollten sie beschützen und böse Geister abwehren.

---

35 Ong Hean-Tatt, *Chinese Plant Symbolisms: A Guide to the Symbolic Value of Plants in Chinese Culture* (Selangor Darul Ehsan, Malaysia: Pelanduk Publications (M) Sdn Bhd, 1999), 164.

Apfel

Bei dem chinesischen Apfelbaum handelt es sich um einen Holzapfelbaum. Die Apfelbäume, die wir im Westen kennen, gibt es in China nicht. Apfelblüten symbolisieren weibliche Schönheit, Frieden und Ruhe.

Aprikose

Der Aprikosenbaum steht für Reichtum, Fruchtbarkeit und den zweiten Monat des chinesischen Kalenders. Er gilt ebenfalls als Symbol für weibliche Schönheit. Aprikosenkerne symbolisieren die Schönheit der Augen einer chinesischen Frau.

Bambus

Der Bambus gilt als Sinnbild für ein langes Leben. Er symbolisiert Bescheidenheit, Feinheit und aufgrund seines Hohlraums geistige Offenheit. Außerdem wehrt er negative Energien ab. Er besitzt zahlreiche Verwendungszwecke. Die jungen Schösslinge werden gegessen. Sein Mark dient der Papierherstellung, und die ausgewachsene Pflanze findet als Baumaterial für Möbel und andere Gegenstände Verwendung. Selbst in der heutigen Zeit wird in China der Bambus zum Gerüstbau eingesetzt. Die chinesischen Künstler stellen ihn gerne dar. Unter den so genannten „drei Freunden im Winter" versteht man Bambus, Pinie und Pflaumenbaum.

Birne

Der Birnbaum steht für ein langes Leben, da er selbst bei strengster Kälte Früchte trägt. Außerdem symbolisiert er eine wohlwollende Regierung, was wohl darauf zurückgeht, dass vor mehr als dreitausend Jahren der Herzog von Shao unter einem wilden Birnbaum Recht sprach. Liebende und Freunde sollten sich niemals eine Birne teilen, indem sie diese in zwei Hälften schneiden. Der Grund hierfür liegt darin, dass die Wörter für „Birne" und „Trennung" gleich klingen.

Japonica

Der Japonica gilt als der „Liebesbaum" und steht für die Ehe. Eine alte Legende erklärt diesen Zusammenhang. Ein Kaiser begehrte die glücklich verheiratete Lo-chu. Er ließ ihren Ehemann enthaupten und entführte sie auf eines seiner Schlösser in den Bergen. Sie stürzte sich in einen Abgrund. Der Kaiser weigerte sich, sie zusammen mit ihrem Ehemann zu begraben. Daraufhin wuchs aus jedem Grab ein Japonica. Ihre Zweige wanden sich ineinander und bildeten einen einzigen großen Baum. Zwei Enten richteten sich unter dem Baum ein und schufen ein Symbol vollkommenen Eheglücks.

Kampfer

Der Kampferbaum vermittelt Begeisterung und Energie.

Kassienbaum

Der Kassienbaum gilt als Zeichen der Vergebung. Er steht mit dem Hasen in Zusammenhang, der nach der chinesischen Volkskunde auf dem Mond lebt und unter der Kassie Unsterblichkeitspillen dreht. Jeder, der sie schluckt, wird unsterblich.

Kirsche

Der gesamte Kirschbaum findet Verwendung zu medizinischen Zwecken. Die Frucht symbolisiert weibliche Schönheit und besitzt außerdem eine stark sexuelle Bedeutung. Mit der Redewendung, *Kirschen essen*, meint man „Geschlechtsverkehr".

Maulbeerbaum

Der Maulbeerbaum wird in China besonders gehegt, da seine Blätter den Seidenwürmern Nahrung bieten. Familienmitglieder, die den Tod ihrer Mutter betrauerten, pflegten einen Stab aus Maulbeerholz zu tragen. Die Maulbeere steht für harte Arbeit und Hingabe sowie für die Freuden und die Zufriedenheit häuslichen Lebens. Der Baum sollte nicht vor dem Haus gepflanzt werden, da er Kummer anzieht.

Orange

Die Orange symbolisiert Vermögen, Glück, Wohlstand und Überfluss. Im Chinesischen heißt Orange *kum*, was wie das Wort für „Gold" klingt. Es bedeutet Glück, wenn man zum Neujahrsfest Orangen als Geschenk erhält. Der Schenkende will damit seinen Wunsch für ein glückliches und finanziell erfolgreiches Jahr zum Ausdruck bringen.

Persimone

Diese Frucht versinnbildlicht Freude und Glück. Da die Bäume lange leben und Schatten spenden, findet man sie oft in Tempelgärten.

Pfirsich

Die Chinesen schreiben dem Pfirsichbaum die stärkste magische Kraft zu. Er blüht im Februar, zu Beginn des neuen Jahres. Daher versinnbildlicht er Frühling, Ehe, Freundschaft und ein langes Leben. Den Pfirsich bezeichnet man häufig als „Feenfrucht" und die „Frucht der Unsterblichen". Die Pfirsichkerne werden gerne in Form eines Schlosses geschnitzt und von Kindern als Glücksbringer getragen. Böse Geister fürchten die Pfirsichbäume. Bis vor kurzem streute man Pfirsichblüten vor die Eingangstür, um Unglück und negative Energien abzuwehren.

Pflaume

Der Pflaumenbaum steht für Jugendlichkeit und Vitalität. Die Chinesen betrachten ihn als ausgesprochenen Glücksbaum. Der Legende zufolge wurde der berühmte Philosoph Lao Tzu unter einem Pflaumenbaum geboren. Neben dem Bambus und der Pinie gehört der Pflaumenbaum zu den „drei Freunden im Winter". Im Frühling blüht er als Erster. In Nordchina züchtet man ihn aufgrund der extremen Kälte, die dort herrscht, in Gewächshäusern. Der Pflaumenbaum bringt Glück, da die fünf Blütenblätter die fünf traditionellen Glücksgötter symbolisieren.

Pinie

Die Pinie absorbiert göttliche Energie und verteilt sie großzügig unter die Menschen. Der Baum symbolisiert Standhaftigkeit, Selbstdisziplin, ein langes Leben und die letzten Jahre eines erfüllten Daseins. Außerdem gilt er als Zeichen des Eheglücks, da seine Nadeln paarweise wachsen. Alte Pinien werden in besonderem Maße verehrt. Chinesische Künstler malen sie gerne, was zum

Teil an der interessanten Gestalt dieser Bäume, zum Teil an ihrer Symbolkraft liegt. Neben dem Bambus und dem Pflaumenbaum gehört die Pinie zu den „drei Freunden im Winter".

Weide

Die Weide steht für Sanftmut und Frühling. Sie gilt als Schutzbaum. Ein über eine Tür gehängter Weidenzweig wird der Familie Glück bescheren und sie vor Geistern und bösen Dämonen schützen. Die Redewendung „Weidengefühle und Blumenwünsche" steht für sexuelles Verlangen.

Zypresse

Die Zypresse soll heilende Eigenschaften besitzen. Da es sich um einen immergrünen Baum handelt, versinnbildlicht er ein langes Leben. Isst man seine Samen, bleibt man stark, gesund und bis ins hohe Alter jugendlich. Außerdem verbessert der Genuss der Samen die Seh- und Hörfähigkeit.

Pflanzen der Unsterblichkeit

Die Chinesen besitzen zahlreiche Legenden von magischen Pflanzen, die Menschen Unsterblichkeit verleihen. Eine Geschichte handelt von Kaiser Shih Huang-Ti aus der Chin Dynastie (ca. 260 v. Chr.). Er überwachte die Bauarbeiten der Chinesischen Mauer. Man berichtete ihm, dass viele Männer, die auf dem Schlachtfeld starben, wieder zum Leben erwachten, als ihnen Raben und Krähen Blätter in den Mund stopften. Seinen Beratern zufolge wuchs die Pflanze, die diese bemerkenswerten Blätter hervorbrachte, nur auf der Insel Tsu, einer an drei Seiten spitz zulaufenden Insel, die nur jene Menschen sehen durften, die vollkommen reinen Herzens waren. Der Kaiser entsandte fünfhundert unberührte Männer und Frauen zu der Insel, um die Pflanze zu holen. Das Schiff kehrte niemals zurück. Dies mag nicht überraschen, denn derselben Sage zufolge gründeten die fünfhundert Jungfrauen die königliche Familie Japans.

Im Laufe der Zeit wurde vielen langlebigen Pflanzen die Eigenschaft zugesprochen, Unsterblichkeit zu schenken. Die wichtigsten sind: Kampfer, Kassie, Kirsche, Chrysantheme, Zimt, Zypresse, Fichte, Ginseng, Pilz, Pfirsich, Birne, Pinie und Pflaume.

Schlusswort

Ich hoffe, dieses Buch hat dazu beigetragen, einige der geheimnisvollen Aspekte zu entdecken, die jeder Blume und jedem Baum innewohnen, und die Wunder der Natur mit anderen Augen zu betrachten.

Einigen Menschen fällt es leicht, rasch in diese Zauberwelt einzutauchen. Andere finden es aus einer Reihe von Gründen recht mühsam.

Vor einigen Jahren sprach mich nach einem meiner Kurse ein Mann an und brachte seine Zweifel an der Existenz von Naturgeistern zum Ausdruck. Duncan hatte in seinem Garten einen Naturschrein angelegt, und alles gedieh gut darin. Aber er hatte nicht das geringste Anzeichen von Elfenleben bemerkt.

„Gedeihen die Pflanzen dort besser als in den übrigen Gartenbereichen?", fragte ich.

Er nickte heftig. „Sehr viel besser. Ich spreche bei der Arbeit mit den Naturgeistern."

Duncan hielt plötzlich inne und lachte. „Ich spreche mit Geistern, an die ich nicht glaube."

Ich schlug vor, eine Weile nicht mehr mit ihnen zu reden, um zu sehen, wie es den Pflanzen ohne die regelmäßige Unterhaltung erging. Er schüttelte den Kopf.

„Das könnte ich nicht. Wenn es nun doch Elfen gibt, was dann? Ich möchte ihre Gefühle nicht verletzen."

„Warum sprechen sie denn dann nicht mit den Naturgeistern überall im Garten und beobachten, was geschieht?"

Er nickte: „Ich kann es ja einmal versuchen."

Einige Monate später klopfte Duncan an meine Haustür und brachte mir einen Korb voller Gemüse. „Ich hatte niemals eine bessere Ernte", meinte er.

„Sehen sie schon Naturgeister?", fragte ich.

Er runzelte die Stirn. „Ich glaube schon. Manchmal sehe ich einen Lichtschimmer auf einem Blatt oder einen Lichtblitz aus dem Augenwinkel. Schaue ich nochmals hin, ist nichts da. Ich glaube nicht, dass ich mich selbst zum Narren halte." Er zeigte auf das Gemüse. „Es ist nicht von alleine gewachsen. Irgendetwas hilft mir. Betrachtet man den Garten des Nachbarn, sieht man, dass sich in meinem etwas Besonderes tut. Ich rede unaufhörlich zu den Naturgeistern, und manchmal reden sie mit mir. Ich spreche kaum mit jemandem darüber, aber es kommen mir immer wieder Gedanken, was, wo und wann zu pflanzen ist. Es klingt verrückt, aber man betrachte das Ergebnis", meinte er und wies auf sein Gemüse im Korb.

Erst nach mehreren Monaten erkannte Duncan, dass seine Gartenarbeit unterstützt wurde. Jessica verhielt sich genau entgegengesetzt.

Sie betreibt eine Frühstückspension. Die Gäste bewundern ihren wundervollen Garten und können es kaum glauben, dass sie nichts von Gartenarbeit verstand, ehe sie vor drei Jahren das Geschäft kaufte. Einige Jahre zuvor hatte sie einen Artikel über Findhorn gelesen und beschlossen, die Naturgeister um Hilfe zu bitten, sollte sie jemals einen Garten besitzen. Sie hat richtig vermutet, ihr Garten gedieh vom ersten Tag an.

Ihr fällt es leicht. Duncan vermochte es erst nach anfänglichen Schwierigkeiten, die Zauberwelt der Pflanzen zu akzeptieren. Jeder reagiert anders.

Vielleicht interessiert Sie die Zwiesprache mit den Bäumen, die Blumen-Divination, die medizinischen Aspekte einer Pflanze oder Sie hegen einfach nur den Wunsch, die Natur besser zu verstehen und sich ihr stärker zu nähern. Gleichgültig, was Sie bewegt, in jedem Fall wünsche ich Ihnen Erfolg.

Literaturliste

Anderson, Frank J. *An Illustrated History of the Herbals.* New York: Columbia University Press, 1977

Arber, Agnes. *Herbals: Their Origin and Evolution: A Chapter in the History of Botany*, 1470-1670. Second edition. Cambridge, UK: Cambridge University Press, 1986. (Originally published in 1912.)

Bryan, C.P. *Ancient Egyptian Medicine: The Papyrus Ebers.* London: Geoffrey Bles, 1930. (Reprinted in 1974 by Ares Publishers, Chicago.)

Connolly, Shane. *The Secret Language of Flowers.* New York: Rizzoli International, 2004

Culpeper, Nicholas. *The Complete Herbal: A Book of Natural Remedies of Ancient Ills.* New York: NTC/Contemporary Publishing 1998

Dunn, Olive. *Delights of Floral Language.* Auckland: Random House New Zealand, 1993

Eberhard, Wolfram (translated by G.L. Campell). *A Dictionary of Chinese Symbols: Hidden Symbols in Chinese Life and Thought.* London: Routledge & Kegan Paul 1986. (First published as *Lexikon Chinesischer Symbole* vom Eugen Diederichs Verlag, Köln, Deutschland, 1983.)

Gerard, John. *The Herbal, or General History of Plants.* New York: Dover, 1975. (*Originally published in 1633 as Herball, or Generall Historie of Plantes.*)

Gunther, Robert. The *Greek Herbal of Dioscorides.* Oxford, UK: Oxford University Press 1934

Hageneder, Fred. *The Meaning of Trees: Botany, History, Healing, Lore.* San Francisco: Chronicle Books, 2005

Harvey, Clare G., and Amanda Cochrane. *The Healing Spirit of Plants: An Illustrated Guide to Plant Spirit Medicine.* New York: Sterling, 1999

Isaacs, Jennifer. *The Secret Meaning of Flowers.* East Roseville, Australia: Simon & Schuster Australia, 1993

Laufer, Geraldine Adamich. *Tussie-Mussies: The Victorian Art of Expressing Yourself in the Language of Flowers.* New York: Workman, 1993

Lucas, Richard. *Nature's Medicines: The Folklore, Romance and Value of Herbal Remedies.* West Nyack, NY: Parker, 1966

Mann, John. *Murder, Magic, and Medicine.* Oxford, UK: Oxford University Press, 1992

Maury, Marguerite: *The Secret of Life and Youth.* Saffron Walden, UK: C.W. Daniel and Company, 1989. (Originally published in France as *Le Capital Jeunesse*, 1961.)

Mills, Alice. Mythology: *Myths, Legends, & Fantasies.* Sydney, Australia: Hodder Headline Australia, 2003

Molyneaux, Brian Leigh, and Piers Vitebsky. *Sacred Earth, Sacred Stones.* San Diego, Ca: Laurel Glen, 2001

Moschini, Lisa B. *Drawing the Line: Art Therapy with the Difficult Client.* New York: Wiley, 2005

Pogacnik, Marco. *Nature Spirits and Elemental Beings: Working with Intelligence in Nature.* Forres, Scotland: Findhorn Press, 1996. (Originally published in German by Droemer Knaur, 1995.)

Polunin, Miriam. *Healing Foods.* London: Dorling Kindersley, 1997

Rätsch, Christian (translated by John Baker). *The Dictionary of Sacred and Magical Plants.* Santa Barbara, CA: ABC-CLIO, 1992. (Originally published by Akademische Druck- und Verlagsanstalt, Graz, Austria, 1988.)

Rohde, E.S. *The Old English Herbals.* London: Longmans, Green, and Company, 1922

Rose, Carol. *Spirits, Fairies, Gnomes und Goblins.* Denver, CO:ABC-CLOI, Inc., 1996

Russell, Tony and Catherine Cutler. *The World Encyclopedia of Trees.* London: Lorenz Books, 2003

Ryman, Danièle. *Danièle Ryman's Aromatherapy Bible*. London: Judy Piatkus, 1991

Webster, Richard. *Mit der Heilkraft der Farben die Aura schützen*, Grafing 2007

Ders., *Creative Visualization for Beginners*. Woodbury, MN: Llewellyn, 2005.

Ders., *Omen, Oghams & Oracles: Divination in the Druidic Tradition*. St. Paul, MN: Llewellyn, 2002.

Ders., *Mit Engeln beten*, Grafing 2008

Williams, C.A.S. *Outlines of Chinese Symbolism and Art Motives*. Third revised edition. Shanghai: Kelly and Walsh, 1941. (Reprinted by Dover Publications, New York, in 1976.) (Originally published as *Outlines of Chinese Symbolism* by Customs College Press, Peiping, China, 1931.)

Zalewski, C.L. *Herbs in Magic and Alchemy: Techniques from Ancient Herbal Lore*. Bridport, UK: Prism Press, 1990.

Richard Webster
Mit der Heilkraft
der Farben die Aura schützen
(ISBN 978-3-89427-383-5)
240 Seiten

Die Bedeutung von Farben auf das Wohlbefinden der Menschen wird immer mehr zum Gegenstand der Forschung. Heute kann es keinen Zweifel mehr daran geben, dass die Farben der Kleidung oder die Wandfarben eines Zimmers Einfluss auf den Träger oder Bewohner ausüben. Richard Webster hat in seiner umfangreichen Studie alle Aspekte der Farbheilkunde berücksichtigt. Wer bewusst mit Farben umgeht, vermag ein äußerst effektives Aura-Kraftfeld zu errichten, um sich vor negativen Einflüssen zu schützen. Dabei kann sich neben den Farben von Kleidung oder Wohnung auch die Nutzung von farbigen Edelsteinen oder von Farb-Imaginationen in der Meditation als ausgesprochen hilfreich erweisen. Dieses Buch enthält eine wahre Fülle an praktischen Ratschlägen, die zu einem bewussten und heilsamen Umgang mit den „Farben des Lebens" verhilft. Ein unverzichtbarer Ratgeber, um den Alltag bunter zu gestalten.

Raphael   ISBN 978-3-89427-332-3
Michael   ISBN 978-3-89427-301-9
Uriel   ISBN 978-3-89427-349-1
Gabriel   ISBN 978-3-89427-314-9

Richard Webster
Mit Engeln sprechen und beten
Wie Engel Deine Wünsche erfüllen
(ISBN 978-3-89427-459-7)
200 Seiten

Die Engel sind in der Mitte der Gesellschaft „angekommen". Fast jeder spricht über Engel oder hat das eine oder andere Buch über die Engel gelesen. Aber welche Bedeutung kommt den Engeln im Alltag des Einzelnen zu? Richard Webster, einer der angesehensten Autoren zum Thema „Engel" in den anglikanischen Ländern, versucht mit seinem Buch die Engel in die alltägliche Welt zu integrieren. Er zeigt viele praktische Wege auf, um mit den Engeln in Kontakt zu kommen und ihre Inspiration für die Bewältigung der Lebensaufgaben zu nutzen. Die Engelwelt wartet nur darauf, dass sich die Menschen ihr zuwenden. Dieser „Engel-Ratgeber für den Alltag" liefert eine Fülle an Ratschlägen, um mit den Engeln glücklicher und zufriedener leben zu können. Ein Praxisbuch, um leichter mit dem Reich der Engel in Kontakt zu treten!

Die Regenbogen geht als
Liebe oder [Un-] eine
Botschaft über Brücke

5.58

Richard Webster
Die großen Erzengel:
Vom Wirken der Erzengel im Himmel und auf Erden
Raphael
Michael
Uriel
Gabriel

Die erste umfassende Dokumentation über das Wirken der großen Erzengel in Geschichte und Gegenwart! In vier Einzelbän-
den beschreibt Richard Webster in beeindruckender Weise das
wundervolle Wirken der majestätischen Engelwesen, die als Bot-
schafter Gottes zwischen den Menschen und den himmlischen
Welten vermitteln. Neben den Schilderungen ihres segensreichen
und beschützenden Eingreifens enthält jeder Band auch Übungen,
um das Bewusstsein des Menschen zu öffnen und einzustimmen
auf die lichtvollen Erzengel. So kann der Einzelne schrittweise zu
einem erwachten Mitarbeiter im großen göttlichen Lebensplan
heranreifen. Ein Meisterwerk, das wahrhaft Türen in die strahlenden Lichtreiche der großen Erzengel öffnet